지은이_튜링 재단

2009년 앨런 튜링의 가족이 설립한 자선 단체이다. 앨런 튜링은 다른 사람들을 돕는 것에 대해 열정을 가지고 있었고, 제2차 세계 대전 중에 유대인 난민의 학교 교육을 후원했다. 이러한 그의 뜻을 이어받아 튜링 재단은 사하라 사막 이남 아프리카의 학교에 IT 리소스를 제공하고 있고, 지금까지 수천 대의 컴퓨터를 제공함으로써 55,000명이 넘는 학생들이 디지털 기술을 습득할 수 있도록 도왔다. 또한 모든 아이들이 앨런 튜링이 구상했던 혁신적인 기술의 힘을 누릴 수 있도록 앨런 튜링 관련 퍼즐책을 만들고 있다.

지은이_윌리엄 포터

영국에서 활동하는 어린이 논픽션 작가이자 각본가이다. 《넌자 터틀》《소닉 앤 코믹》과 같은 유명 만화와 잡지를 쓰고 편집했다. 이 책에 담겨 있는 다양한 수학 문제에 재미있는 이야기를 담았다.

그린이_개러스 콘웨이

서리 예술 디자인 연구소에서 애니메이션 학위를 받았다. 인기 있는 어린이 애니메이션 TV 시리즈와 책의 삽화를 그렸다. 캐릭터가 살아 있는 재미있는 그림으로 많은 호평을 받았다.

옮긴이_오현주

한국외국어대학교를 졸업한 후 현재 번역에이전시 엔터스코리아에서 번역가로 활동 중이다. 옮긴 책으로는 《만능 수리공 매니》(1~3권) 《레이디와 트램프》《뮬란》《디즈니 스쿨스킬》《스파이 걸스 2》 등이 있다.

감수_전국수학교사모임

수학 교육의 발전과 수학의 대중화를 목적으로 결성된 수학 교사들의 연구 단체이다. 수학 교육의 발전과 전망을 위해 연구하고 자료를 개발하고 있다. 2003년과 2006년, 2회에 걸쳐 교육인적자원부로부터 전국단위 최우수교과연구단체상을, 2007년에는 교육부 우수단체상을 받았다. 2017년에는 특수분야연수기관 우수인증기관에 선정되었다. 수학에 흥미를 잃은 학생들이 수학에 자신감을 가질 수 있도록 수학 체험 활동에 대해 연구하고 개발하고자 노력하고 있으며, 모두가 수학을 접하고 즐길 수 있는 기회를 제공하기 위해 일반인 대상의 프로그램을 개발하고 확대해 나가고 있다.

앨런 튜링과 함께하는

초등 수학 게임

AI 시대, 수리적 사고근육을 키우는 최신 두뇌훈련

튜링 재단 · 윌리엄 포터 지음
오현주 옮김 | 전국수학교사모임 감수

더숲 STEAM

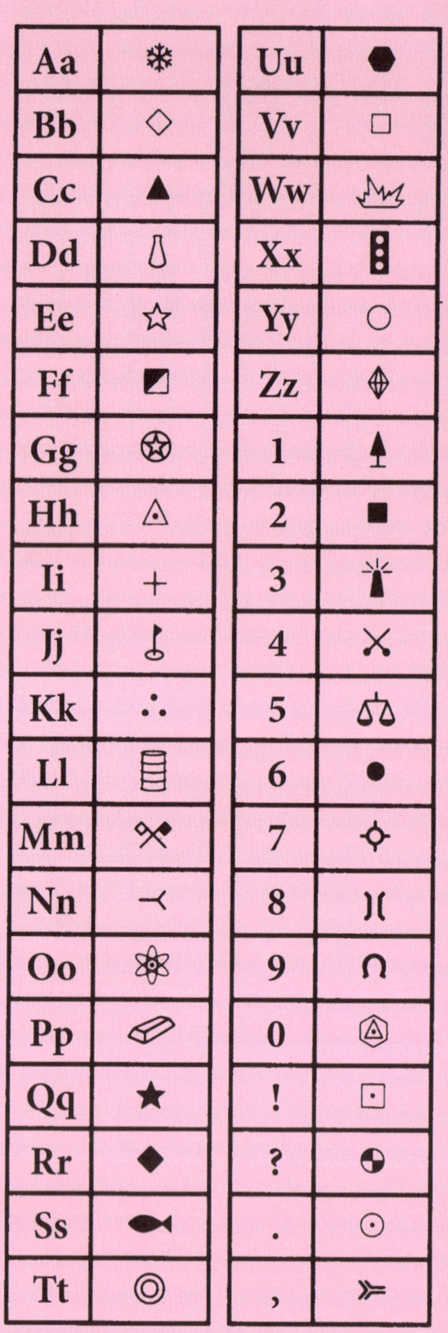

앨런 튜링과 함께하는 초등 수학 게임

1판 1쇄 발행 2021년 7월 7일
1판 5쇄 발행 2024년 12월 9일

지은이 튜링 재단, 윌리엄 포터
옮긴이 오현주
감수 전국수학교사모임

발행인 김기중
주간 신선영
편집 백수연, 민성원, 이상희
경영지원 홍운선
펴낸곳 도서출판 더숲
주소 서울시 마포구 동교로 43-1 (04018)
전화 02-3141-8301
팩스 02-3141-8303
이메일 info@theforestbook.co.kr
페이스북 @forestbookwithu
인스타그램 @theforest_book
출판신고 2009년 3월 30일 제2009-000062호

ISBN 979-11-90357-67-8 74410
979-11-90357-66-1 (세트)

안녕, 친구들! 나는
앨런 튜링이에요.
수학이 즐거워지는
나의 퍼즐 놀이책에
온것을 환영해요.

앨런 튜링은 누구일까요?

앨런 튜링은 1912년 런던에서 태어났어요. 이 수학 천재의 아이디어는 현대 컴퓨터 기술을 놀라울 정도로 발전시켰지요.
제2차 세계 대전이 계속되는 동안 앨런 튜링은 영국 블레츨리 공원에 있는 암호 해독 본부에서 아주 중요한 임무를 맡았어요.
그는 봄브(Bombe)라고 불리는 기계를 만들어 독일군이 주고받는 암호를 풀 수 있었어요.
연합군은 앨런 튜링의 암호 해독 기술 덕분에 전쟁을 빨리 끝내 많은 생명을 구했어요.

튜링 재단은 어떤 곳인가요?

튜링 재단(THE TURING TRUST)은 앨런 튜링의 가족이 그를 기리려고 만든 자선 단체예요. 튜링 재단은 아프리카 사람들이 컴퓨터를 접할 수 있도록 도와주는 일을 합니다.
여러분이 이 책을 사면 자연스럽게 튜링 재단을 후원하게 됩니다.

따로 노는 달걀

모둠별로 같은 배수의 숫자 달걀이 있어요.
그런데 모둠마다 달걀이 한 개씩 잘못 들어 있어요. 어떤 달걀일까요?

A모둠

25 10 60 5 35 15 45 53 40

B모둠

63 17 42 35 28 21 49 56 7

C모둠

111 77 99 55 66 11 88 33 44

D모둠

99 27 18 72 63 54 35 81 45

양들의 짝짓기

양을 두 마리씩 모아 짝지어 두 수의 합이 54가 되게 만들어 보아요.
어떤 양과 어떤 양을 짝지어야 할까요?

앨런 튜링과 함께 풀어 보아요!

소수(1과 그 수 자신 이외의 자연수로는 나눌 수 없는 자연수)가
쓰여 있는 양은 모두 몇 마리일까요?

신선함을 담았어요

과일과 채소의 가격을 알아보아요.
접시마다 놓인 과일과 채소는 얼마일까요?
어떤 접시가 가장 비쌀까요?

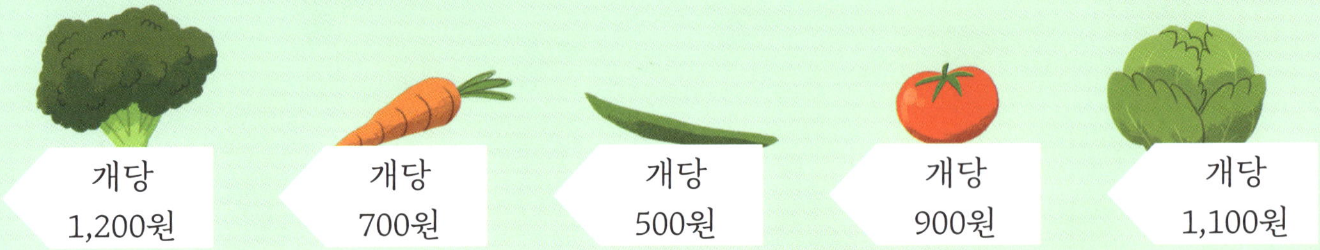

A

B

C

D

바퀴를 굴려 멀리멀리

세 친구가 자전거와 퀵보드를 타고 5킬로미터 달리기 경주를 해요.
어떤 순서로 결승선에 들어올까요?

퀵보드를 탄 줄리엣이 가장 먼저 출발해 시간당 10킬로미터의 속도로 10분 달렸어요. 그리고 시간당 8킬로미터의 속도로 10분, 이어서 시간당 6킬로미터의 속도로 나머지를 달렸어요.

퀵보드를 탄 딜런은 줄리엣보다 5분 늦게 출발해 시간당 12킬로미터의 속도로 15분을 달렸어요. 그리고 시간당 6킬로미터의 속도로 나머지를 달렸어요.

자전거를 탄 빌리는 줄리엣보다 10분 늦게 출발해 시간당 15킬로미터의 속도로 12분을 달렸어요. 그리고 시간당 8킬로미터의 속도로 나머지를 달렸어요.

앨런 튜링과 함께 풀어 보아요!

2쪽에서 소개한 코드를 이용해 재미있는 사실을 알아보아요!

마법의 주문 계산기

흰 수염 마법사가 주문을 외워 계산을 해요. 동그라미 안에 있는 숫자를 꺼내 주문을 외우면 각각 어떤 답을 얻을까요? 다음 계산으로 넘어가기 전에 꼭 답을 말해야 해요.

2 4 6 8 10

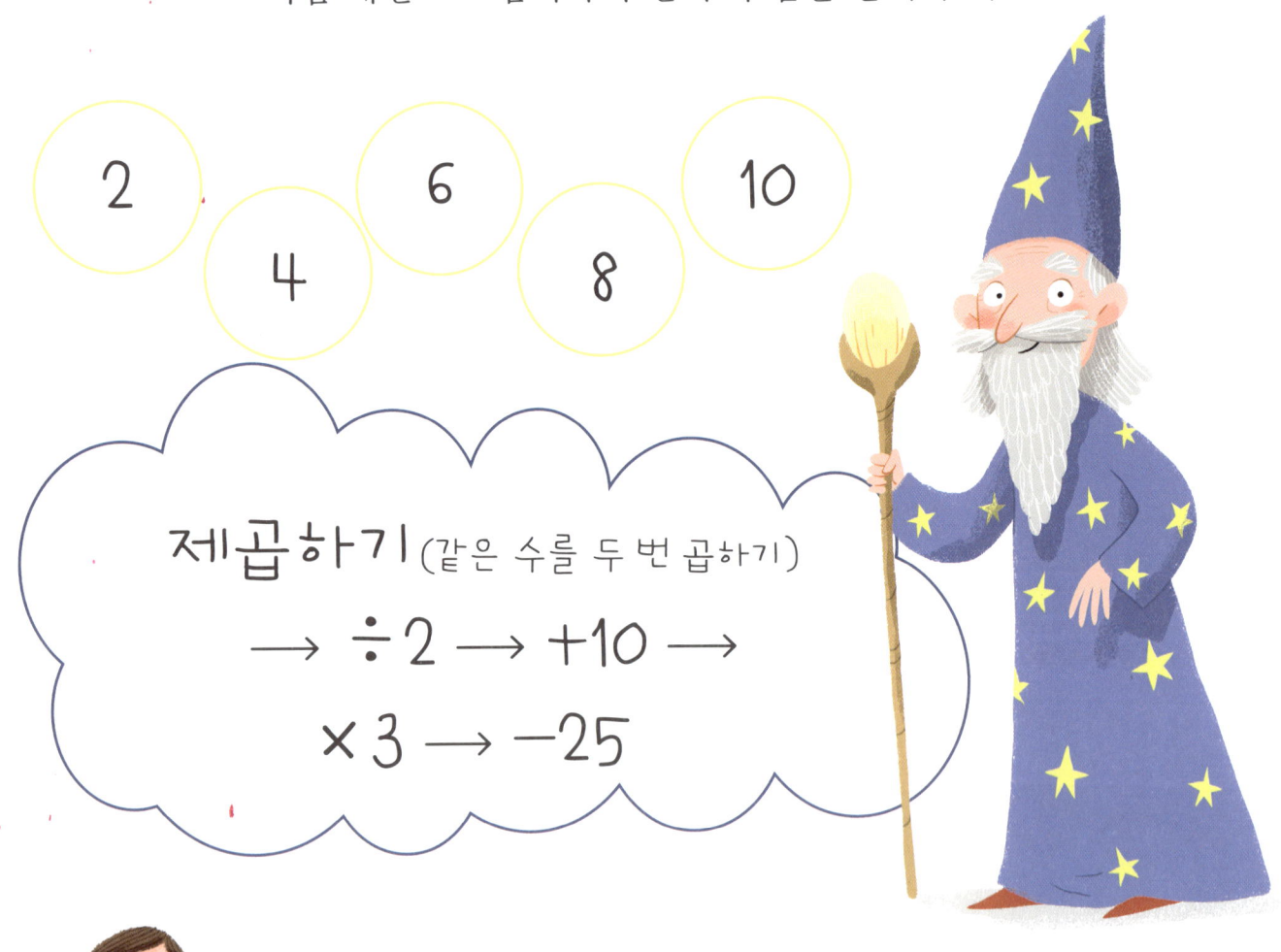

제곱하기(같은 수를 두 번 곱하기) → ÷2 → +10 → ×3 → −25

앨런 튜링과 함께 풀어 보아요!

주문이 잘못되었어요! 마법사는 분명 숫자 20에 주문을 외웠는데 답이 185가 되었으니까요. 어느 단계가 빠졌을까요?

연료를 아껴라!

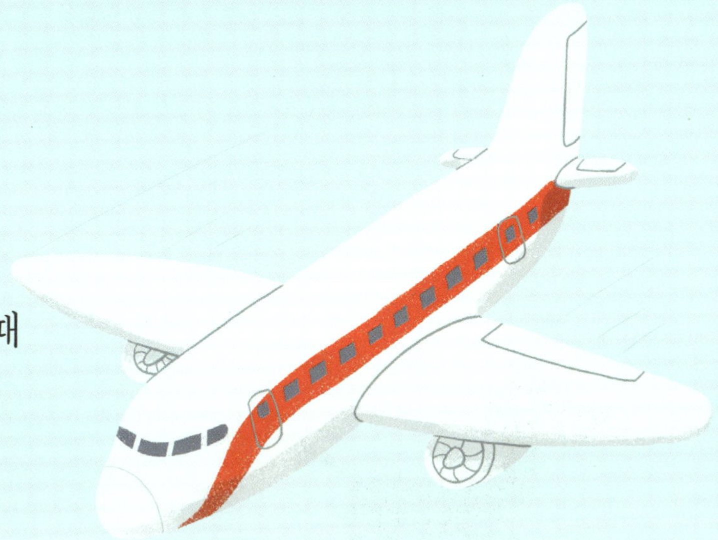

하늘 지도의 경로에 숫자가 쓰여 있어요.
숫자는 그 구간에서 비행기가 사용하는
연료의 양이에요. A부터 B까지 가려고 할 때
연료를 가장 적게 쓰는 길은 어디일까요?

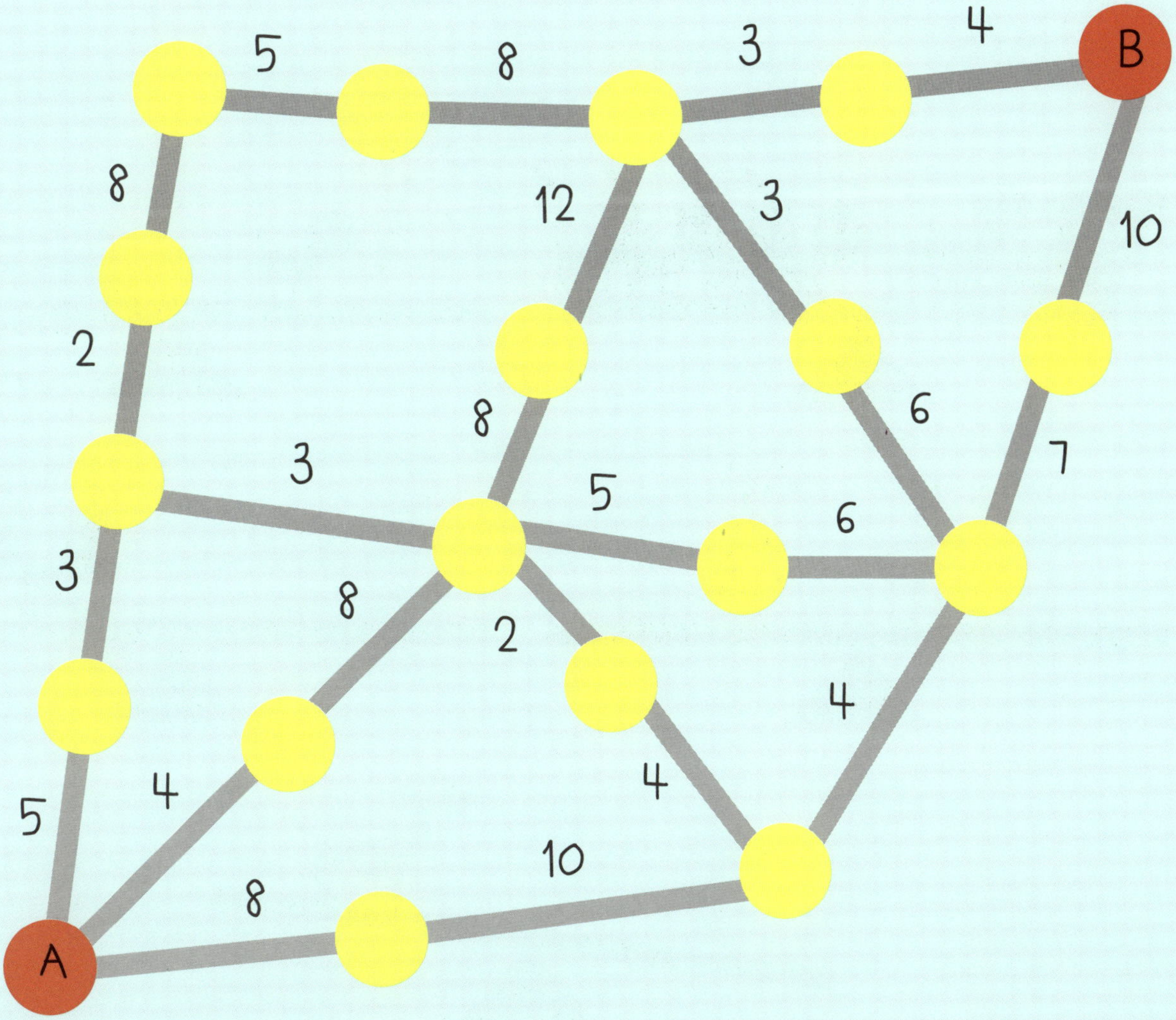

행복한 동물들의 행진

양팔저울 위에 있는 반려동물들의 무게를 비교해
가장 가벼운 동물부터 무거운 동물까지 순서를 정해 보아요.

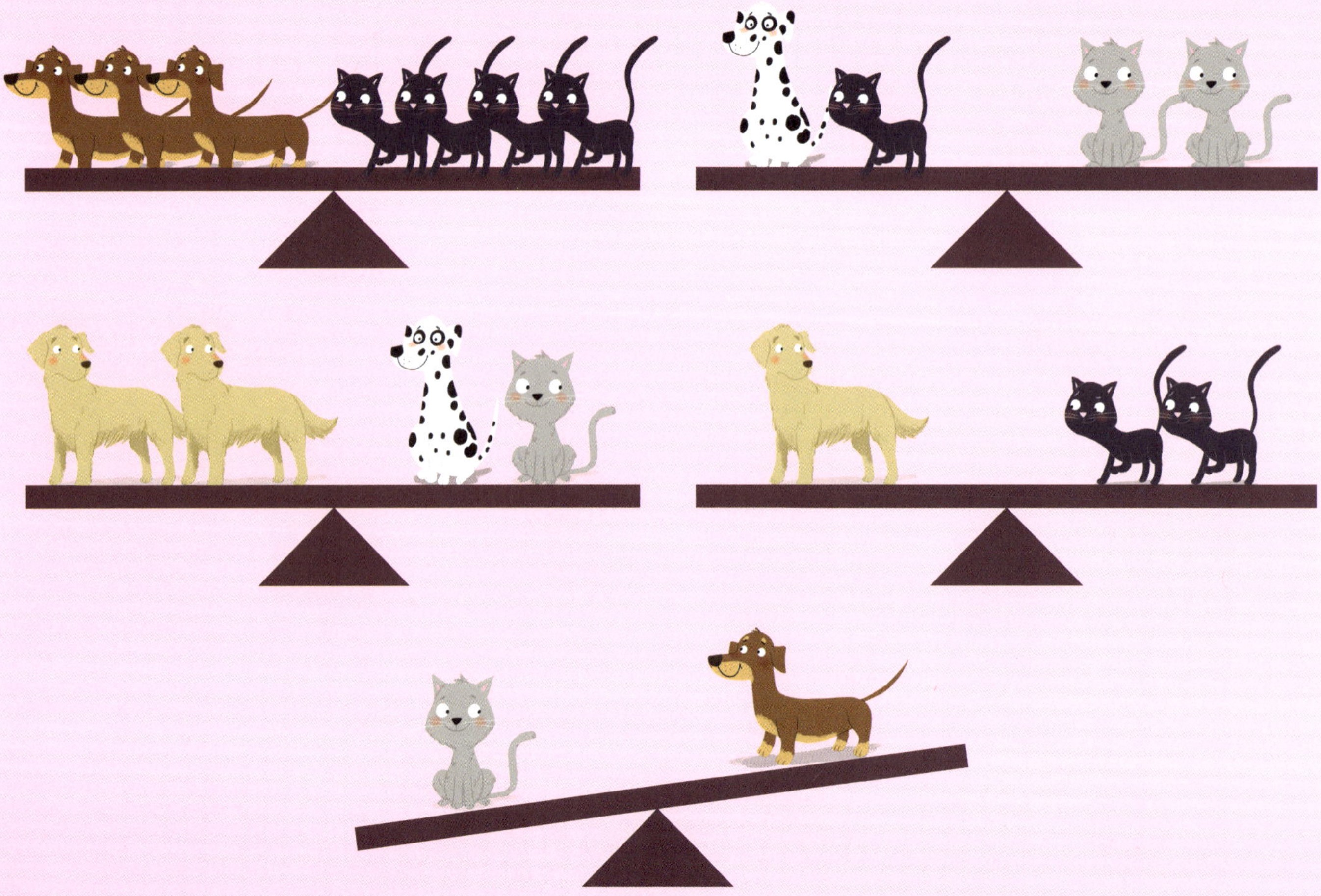

유니콘 파티

마법 왕국의 유니콘들이 축제에 가려고 한데 모였어요.
모두 얼마나 모였는지 세어 보고, 각 특징이 있는
유니콘의 비율이 얼마나 되는지 알아보아요.

파란색 유니콘은 몇 퍼센트일까요?
분홍색 유니콘은 몇 퍼센트일까요?
파란색도 분홍색도 아닌
유니콘은 몇 퍼센트일까요?
보라색 갈기가 있는
유니콘은 몇 퍼센트일까요?
노란색 갈기가 있는
유니콘은 몇 퍼센트일까요?

앨런 튜링과 함께 풀어 보아요!

유니콘 다섯이 나중에 파티에 왔어요. 그들은 모두 갈기가 초록색입니다. 그렇다면 갈기가 초록색인 유니콘은 모두 몇 퍼센트일까요?

피라미드 쌓기

피라미드 벽돌의 숫자는 바로 아래 맞닿은 두 벽돌의 숫자 합과 같아요.
빠진 숫자를 채워 넣어 보아요.

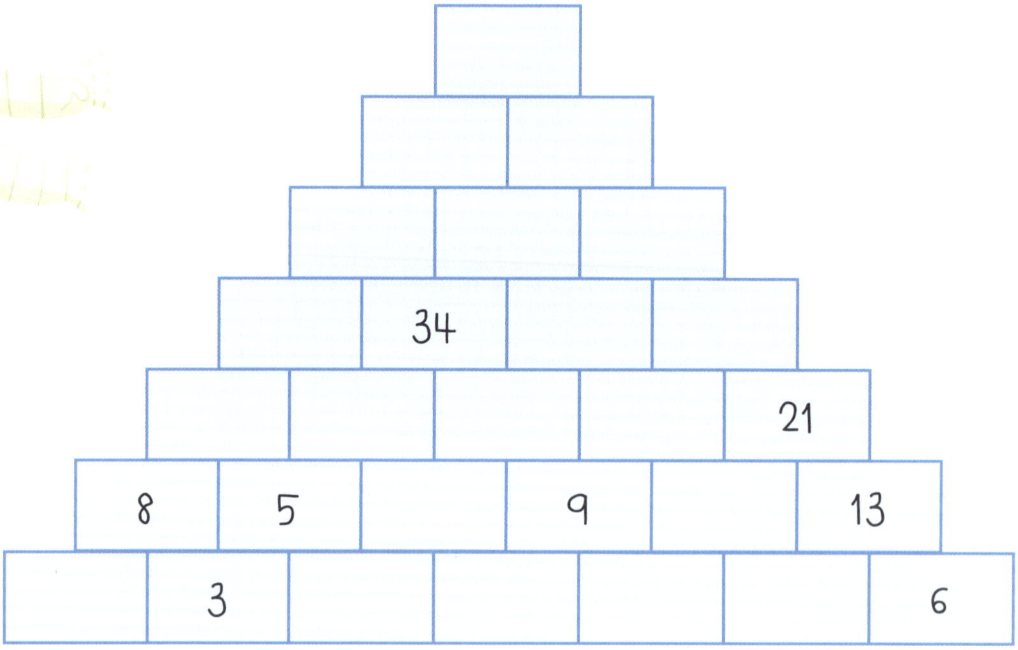

앨런 튜링과 함께 풀어 보아요!

2쪽에서 소개한 코드를 이용해 재미있는 사실을 알아보아요!

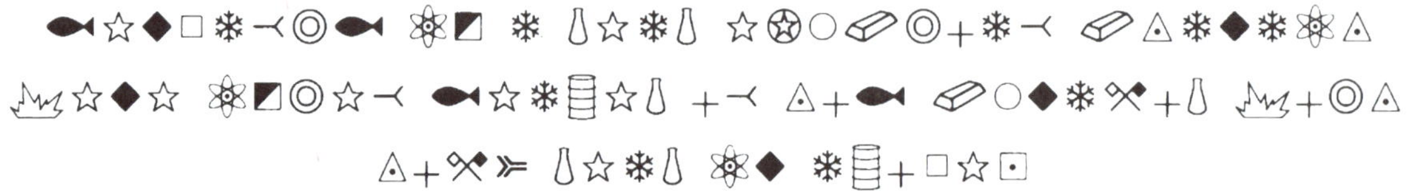

괴물들의 괴상한 임무

괴물과 크기가 같은 스도쿠 퍼즐이 있어요.
빈칸에 1에서 9까지의 숫자를 적어 넣어야 해요.
이때 각 가로줄·세로줄·3×3상자 안에 1에서 9까지의 숫자가 모두 들어가야 해요.

1		3		8				2
	7			5				
5	8	4			1			7
2		5	8					
7			6		4			1
					5	2		6
3			7			1	8	4
				3			7	
9				4		6		3

할인 사냥꾼

운동화를 할인해서 판대요!
이 멋진 운동화 한 켤레를 가장 싸게 사려면
어떤 가격표가 붙은 것을 골라야 할까요?

한 켤레에 7,500원.
2개 가격으로 3개 드려요.

6,000원에서
1/4 할인

원가 8,400원.
이제 반값!

5,000원에서
10퍼센트 할인

7,000원에서
20퍼센트 할인

6,000원에서
1/3 할인

8,000원에서
30퍼센트 할인

앨런 튜링과 함께 풀어 보아요!

싼 게 비지떡일 때가 있어요.
운동화의 원래 가격과 비교했을 때
어떤 가격표를 선택해야 가장 많이 아끼게 될까요?

높이 높이 하늘로 올라

여기 있는 열기구 중 마지막까지
살아남은 것은 무엇일까요?
모든 소수와 3의 배수를
찾아 지워 보아요.

별은 어디에

우주인과 함께 별 지도를 따라가 보아요. 흰색 화살표에서 출발하는데,
아래 표 안에 있는 숫자는 몇 칸 가야 하는지를, 화살표는 방향을 나타냅니다.
표의 왼쪽에서 오른쪽으로, 위에서 아래로 읽어 내려가세요.
어디에서 여행을 마치게 될까요?

2 ↑	2 →	2 ↑	1 ←	2 ↑	3 →	6 ↓	5 →	4 ↑	2 ←
2 ↑	2 →	2 ↑	1 ←	1 ↑	3 ←	4 ↓	3 →	3 ↓	1 ←

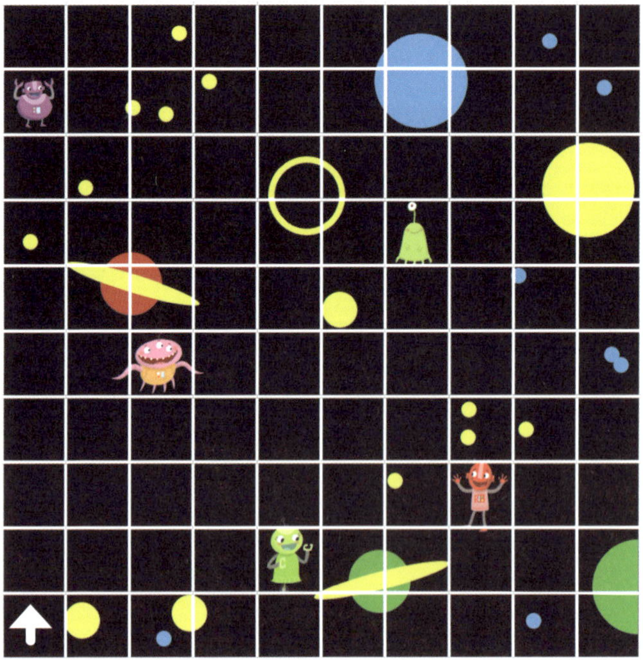

앨런 튜링과 함께 풀어 보아요!

2쪽에서 소개한 코드를 이용해 아래 질문에 대한 대답을 찾아보아요.
우주에서 가장 오래 머문 사람은 누구일까요?

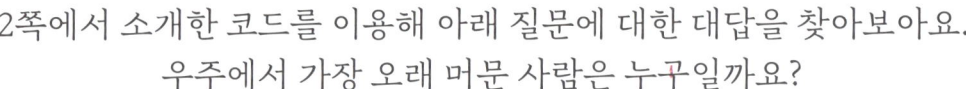

▲⚛◆✕⚛≺❄⬣◎ ⚛☆≺≺❄⌂○ ⬭❄⌂❄☰∴❄ △❄◆ ◆⬭☆≺◎

)(✧)(⌂❄○◆ +≺ ◆⬭❄▲☆ ⚛□☆◆ ◩+□☆ ✕+◆◆+⚛≺◆⊙

요정의 낚시

땅속 요정은 낚싯줄을 던져 무엇을 낚았을까요?
4배수를 따라 점 잇기 퍼즐을 완성해 보아요.
요정이 낚은 것이 나타날 거예요.

빵 굽기 대회

빵 굽기 대회에서 누가 우승할까요?
제빵사들의 점수를 각각 더해 누가 가장
높은 점수를 얻었는지 알아보아요.

브라이언

제스

마틴

세드릭

앨런 튜링과 함께 풀어 보아요!

제빵사 한 명이 컵 5개를 받아 총 110점을 받았어요.
어떤 컵을 받았을까요?

곤충들의 행진

세로줄과 가로줄 끝에는 그 줄에 있는 곤충을 모두 더한 숫자가 있어요.
이를 잘 보고 곤충이 종류별로 몇 마리씩 있는지 찾아보아요.
꿀벌의 수는 적어 두었어요.

반짝반짝 보석 더하기

다음 단서를 읽고 반짝반짝 보석들이
모두 얼마의 가치가 있는지 알아보아요.

가장 희귀한 보석=개당 12만 원
그다음 희귀한 보석=개당 9만 원
빨간 보석=5개 13만 원
초록 보석=3개 9만 원
가장 흔한 보석=2개 6만 원

앨런 튜링과 함께 풀어 보아요!

2쪽에서 소개한 코드를 이용해 재미있는 사실을 알아보아요!

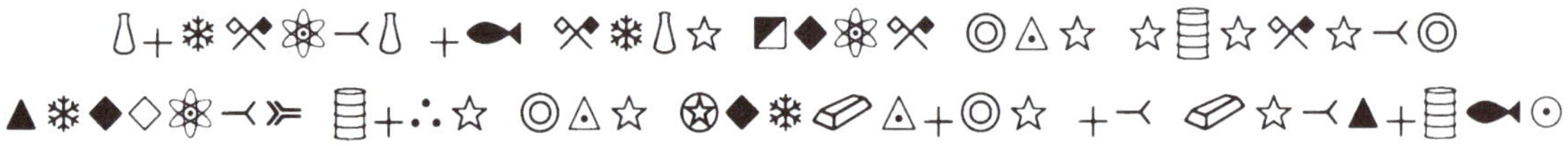

개구쟁이 점박이

도미노 게임에서 같은 수의
점끼리 이어지도록 블록을 놓아 띠를 만들어야 해요.
가장 아래에 있는 도미노 블록을 그대로
옮긴 것과 같이 점을 그려 블록 띠를 완성해요.
조각 네 개는 이미 표시해 두었어요.

사라져라, 얍!

마법을 부리는 윌이 아래 계산식에 있던
수학 기호 몇 개를 사라지게 했어요.
사라진 기호를 찾아 넣어 답이 맞도록 만들어 보아요.

12 ? 5 ? 4 = 64

8 ? 9 ? 17 = 55

5 ? 10 ? 2 = 25

40 ? 8 ? 11 = 55

9 ? 6 ? 2 = 27

7 ? 5 ? 13 = 48

앨런 튜링과 함께 풀어 보아요!

2쪽에서 소개한 코드를 이용해 재미있는 사실을 알아보아요!

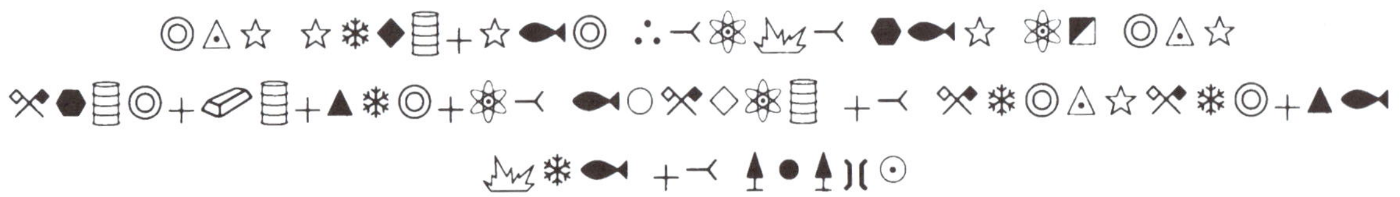

알아서 척척 로봇

로봇들이 다이얼을 돌리려고 해요. 어떤 순서로 돌려야 하는지는 로봇들에게 알려 주었습니다. 다이얼을 모두 돌린 다음 각 다이얼이 어떤 방향을 가리킬지 화살표를 그려 넣어요.

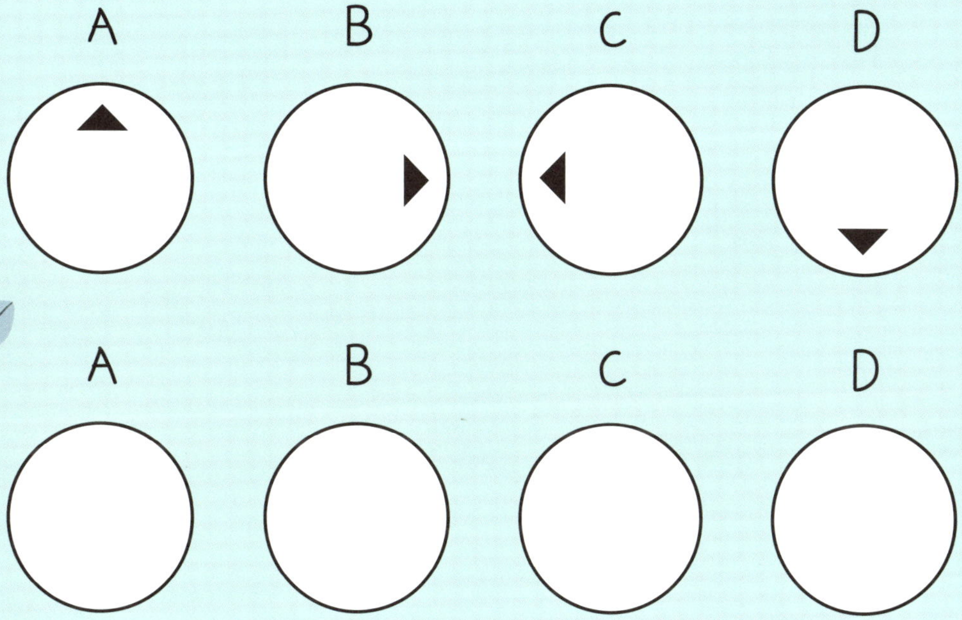

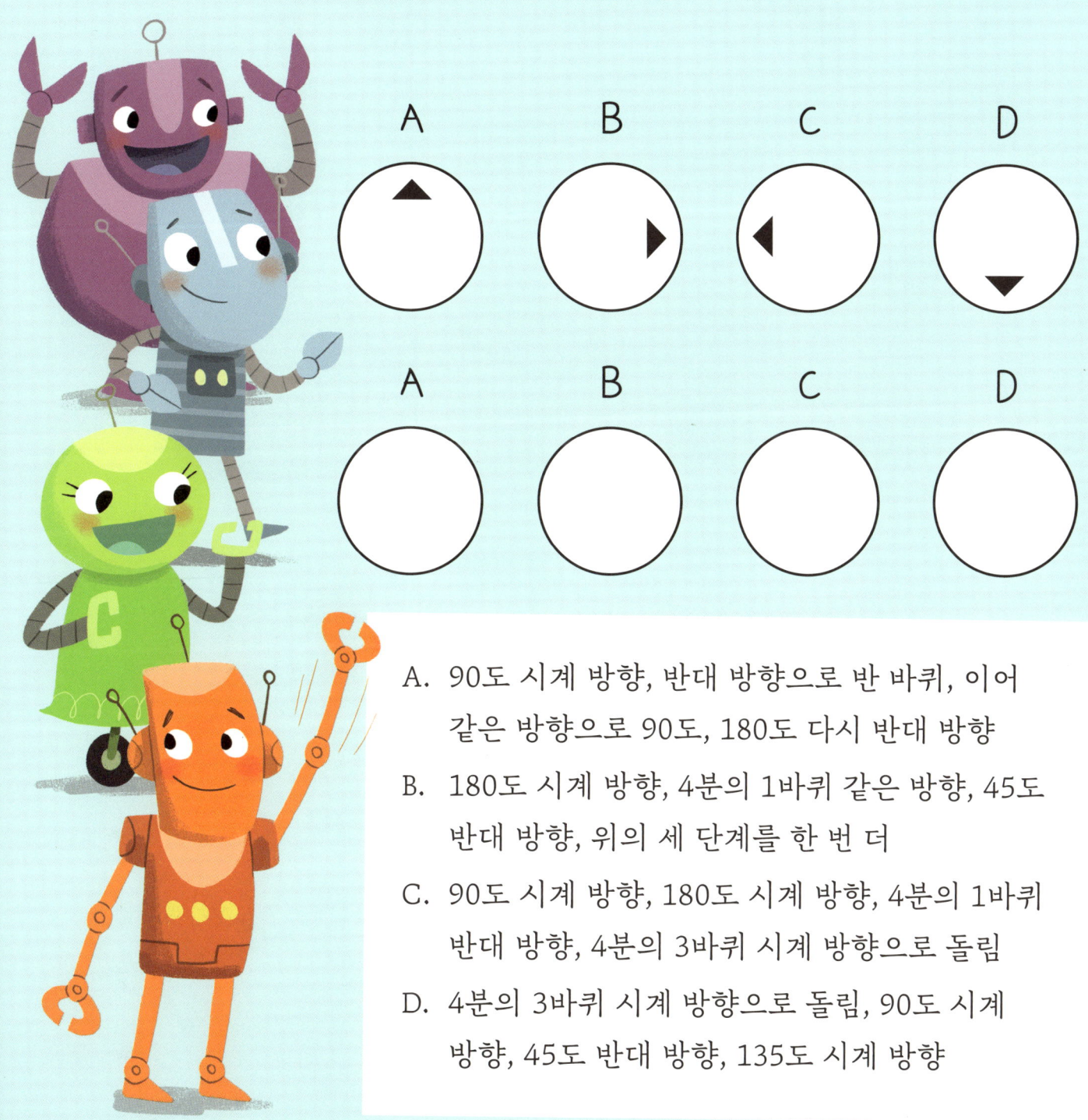

A. 90도 시계 방향, 반대 방향으로 반 바퀴, 이어 같은 방향으로 90도, 180도 다시 반대 방향

B. 180도 시계 방향, 4분의 1바퀴 같은 방향, 45도 반대 방향, 위의 세 단계를 한 번 더

C. 90도 시계 방향, 180도 시계 방향, 4분의 1바퀴 반대 방향, 4분의 3바퀴 시계 방향으로 돌림

D. 4분의 3바퀴 시계 방향으로 돌림, 90도 시계 방향, 45도 반대 방향, 135도 시계 방향

대칭으로 그리기

건축업자를 도와 모든 도형이 대칭이 되도록 선을 그어요.
하나는 예시로 미리 표시해 두었어요.

케이크 시소

케이크가 여러 개 놓인 양팔저울이 모두 정확하게 균형을 이루었어요.
이미 무게를 알고 있는 빵 한 종류를 참고해 다른 빵의 무게를 알아보아요.

	5		

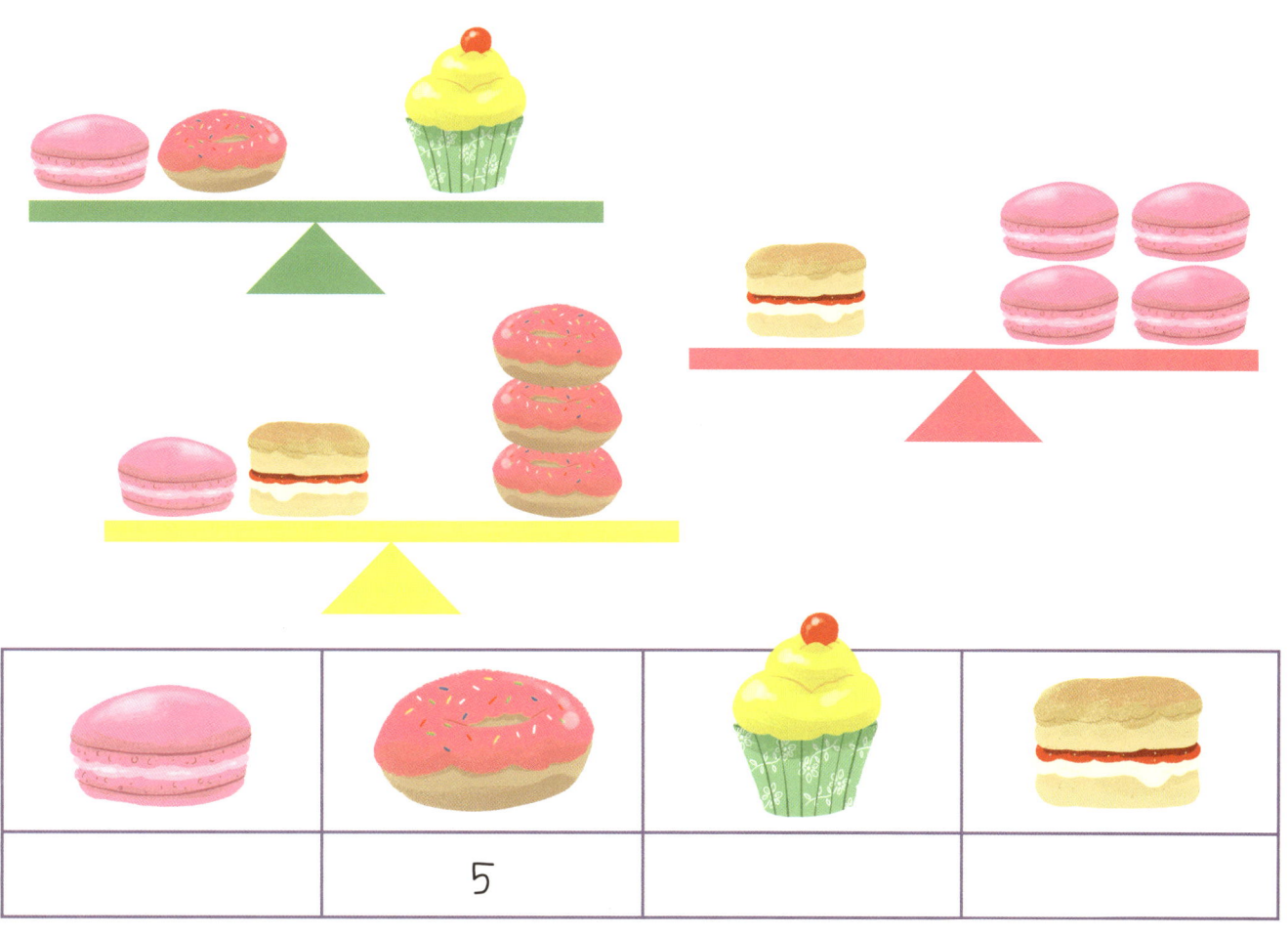

앨런 튜링과 함께 풀어 보아요!

2쪽에서 소개한 코드를 이용해 아래 질문에 대한 대답을 찾아보아요.

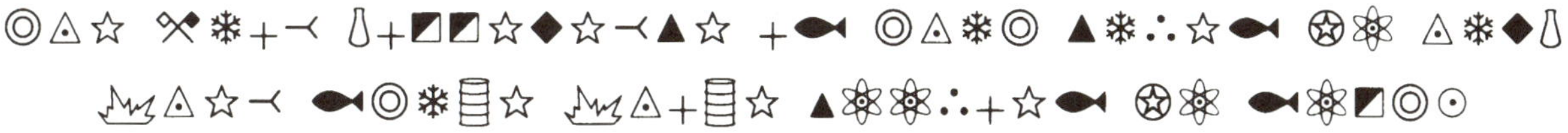

숫자 뱀 놀이

1부터 5까지의 숫자 가운데 빠진 숫자를
아래 동그라미에 채워 넣어 보아요. 세로줄·가로줄·뱀처럼 연결된
동그라미 조합마다 각 숫자는 한 번씩만 등장해요.

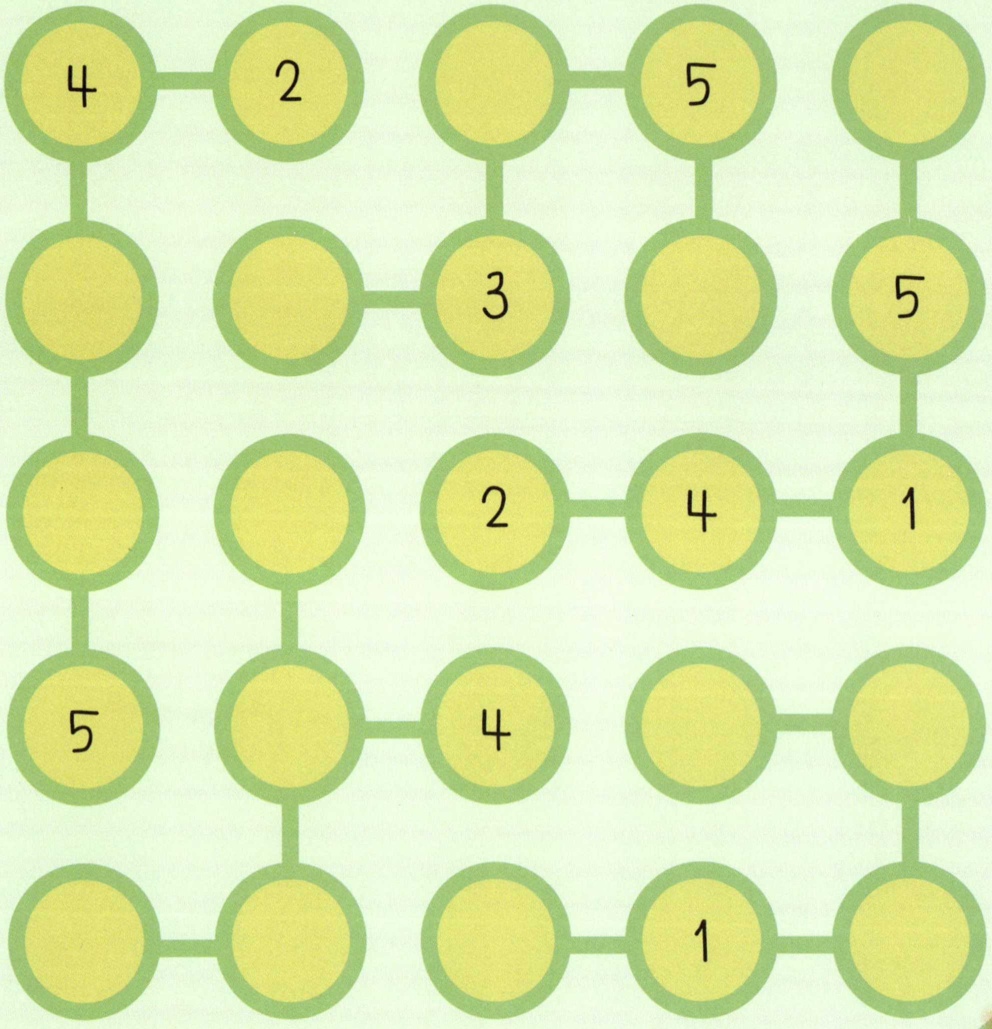

계산 사슬 넘어가기

사슬마다 첫 숫자에서 출발해 모든
계산을 지나 마지막에 오는 숫자를 알아보아요.
첫 번째 계산을 마치면 다음 계산으로
넘어가기 전에 꼭 답을 해야 해요.

A	4	× 6	÷ 2	+ 8	× 5	− 20	?
B	12	× 5	− 10	÷ 5	+ 6	× 4	?
C	7	+ 8	× 4	− 6	÷ 6	× 11	?
D	25	− 9	÷ 4	× 7	+ 12	÷ 5	?

앨런 튜링과 함께 풀어 보아요!

답을 잘 살펴보아요. C의 답은 왜 어색해 보일까요?

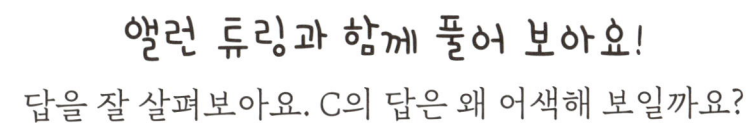

더해서 높이 들어 올리기

1부터 9까지의 숫자를 빈 네모 칸에 넣어 보아요.
가로줄의 합은 노란색의 왼쪽 세모 칸, 세로줄의 합은
노란색의 위쪽 세모 칸 속 숫자와 같아요.

	12	26		25	10
5	4		19 / 15		9
25		3	9		
	7 / 15	7		5	8
23			7		
11	2		13		5

어릿광대의 시계

여기 있는 모든 어릿광대의 시계가 서로 다른 속도로 가고 있어요. 모든 시계를 2시로 맞춰 놓은 다음 3시간, 5시간이 지난 후 시계는 각각 몇 시가 되었는지 바늘을 그려 보아요.

A 시계는 매시간 5분씩 더해져요.
B 시계는 매시간 15분씩 뒤로 가요.
C 시계는 매시간 30분씩 더해져요.
D 시계는 매시간 40분씩 뒤로 가요.

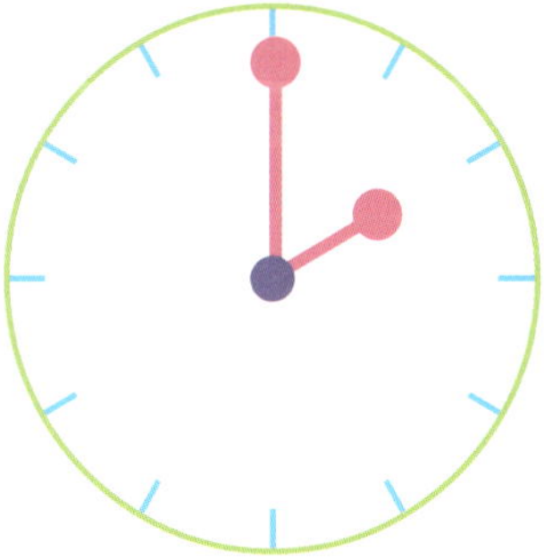

A 3시간 후

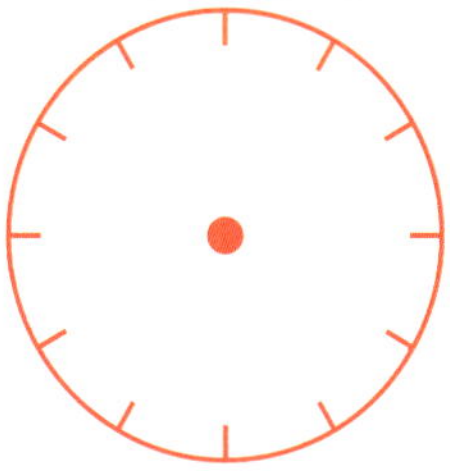

A 5시간 후

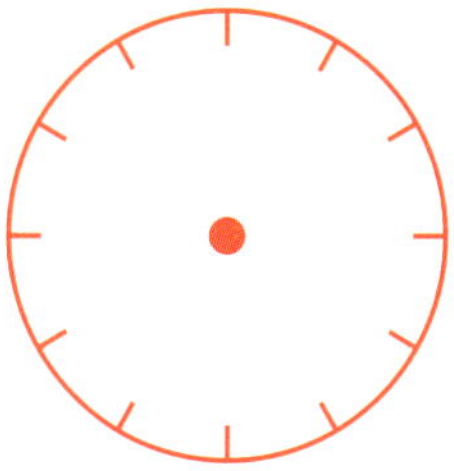

B 3시간 후

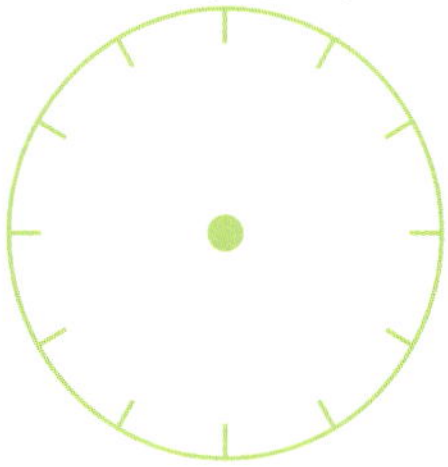

B 5시간 후

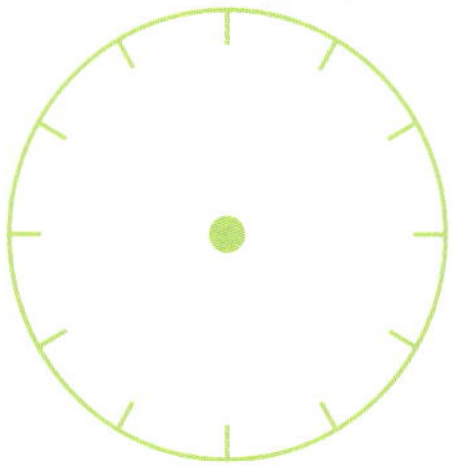

C 3시간 후

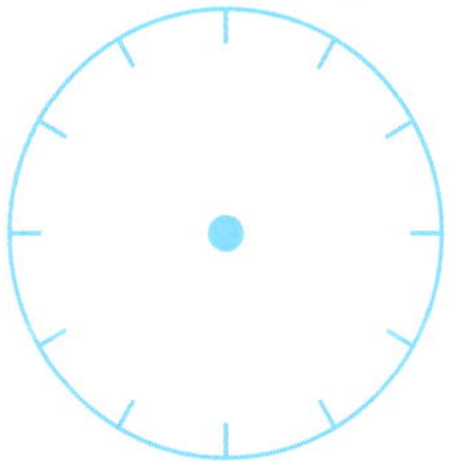

C 5시간 후

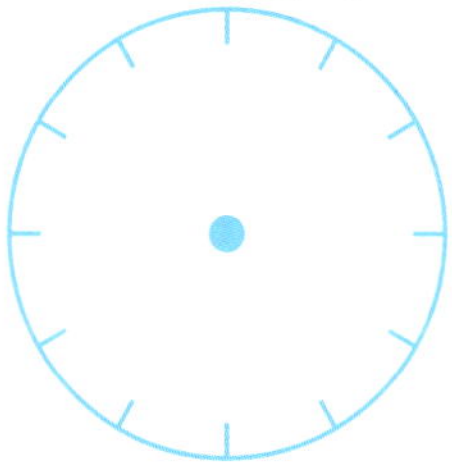

D 3시간 후

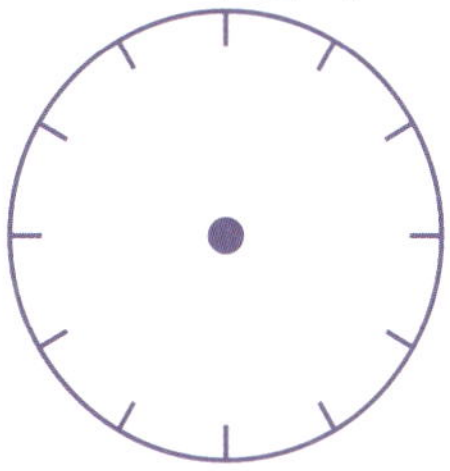

D 5시간 후

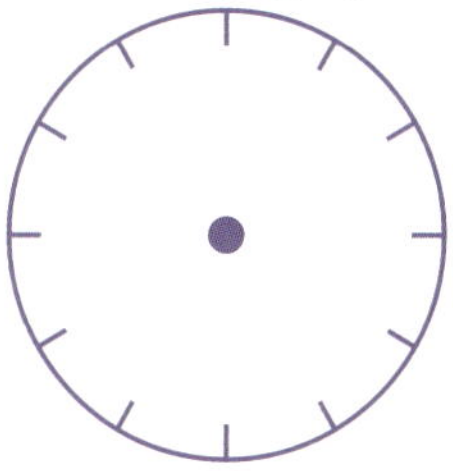

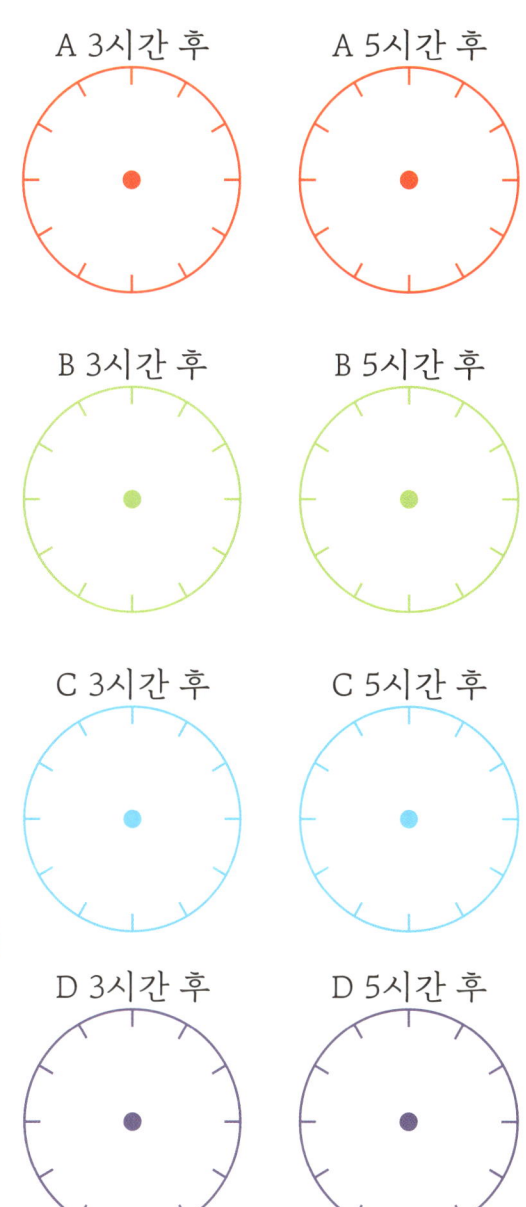

앨런 튜링과 함께 풀어 보아요!

2쪽에서 소개한 코드를 이용해 아래 질문에 대한 대답을 찾아보아요.
한 시간이 60분이어야 한다는 것은 누가 결정했을까요?

◎△☆ ❄⤙▲+☆⤙◎ ◇❄◇○▤⚛⤙+❄⤙◆ ⌂+□+⌂☆⌂ △⚛⬢◆◆
❄⤙⌂ ⚒+⤙⬢◎☆◆ +⤙◎⚛ ◆+▮◎○ ☆★⬢❄▤ ▱☆◆+⚛⌂◆⊙

암호를 풀어라

최고의 비밀 요원이 되어 아래 단서를 실마리로
숫자 암호를 풀어 보아요.

6	9	4	숫자 하나가 맞고 자리도 맞아요.
6	2	7	숫자 하나가 맞지만 틀린 자리에 있어요.
8	1	9	맞는 숫자가 없어요.
8	9	3	숫자 하나가 맞지만 틀린 자리에 있어요.
4	3	6	숫자 두 개가 맞지만 틀린 자리에 있어요.

앨런 튜링과 함께 풀어 보아요!

암호의 답을 살펴보아요.
A. 답은 9로 정확히 나뉠까요?
B. 답은 11로 정확히 나뉠까요?
C. 답은 15로 정확히 나뉠까요?

사라진 사원 찾기

탐험가 엘리자가 사라진 사원을 찾고 있어요.
함께 찾아볼까요? 그런데 지도에 있는 한 장소에 갈 때마다
바로 그곳의 네모가 사방으로 사라져요.

엘리자가 들렀던 곳의 좌표를 지도에 모두 표시해요. 그리고 위·아래·양옆·대각선으로 맞닿은 네모들에도 모두 표시해요. 한 번이라도 들렀던 네모와 그것을 둘러싼 네모들을 모두 지우면 네모가 하나만 남아요. 그곳에 사원이 있답니다. 어디일까요?

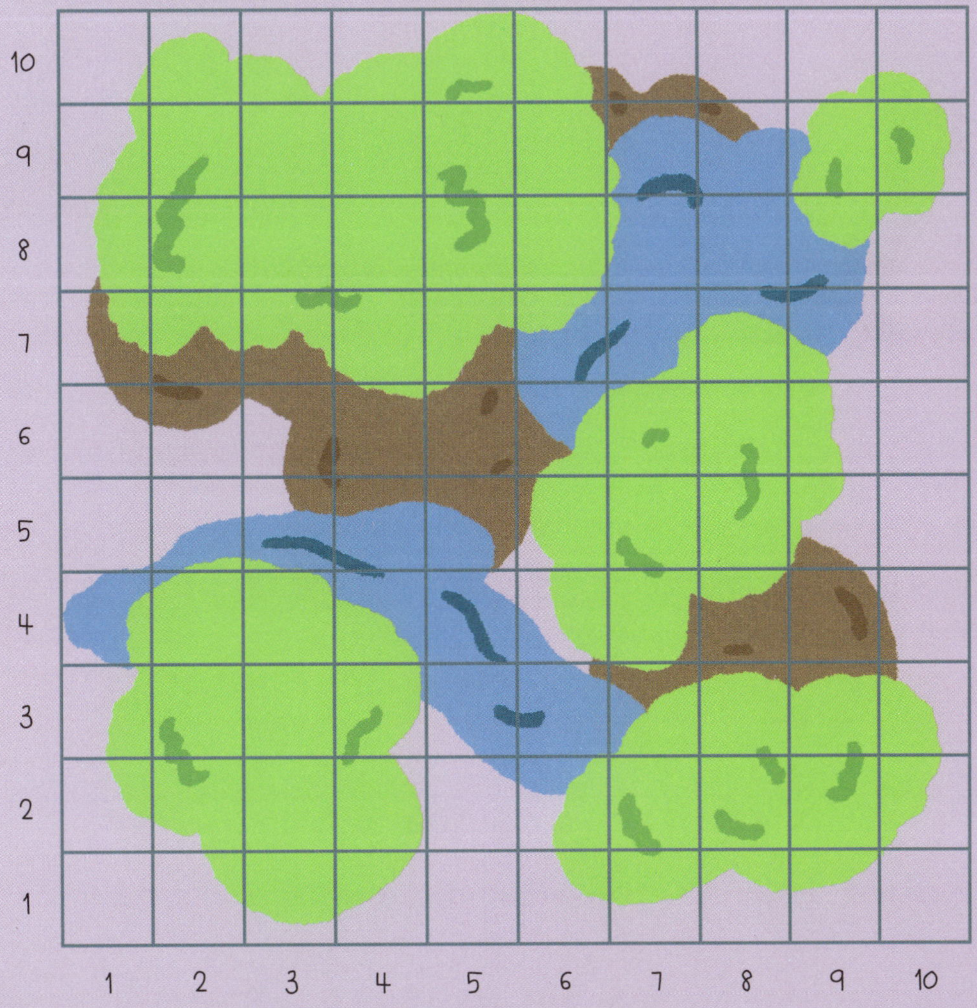

좌표의 숫자는 가로줄 먼저, 그다음 세로줄의 위치를 나타내요. (1, 3) (1, 9) (2, 1) (2, 6) (4, 4) (4, 9) (5, 2) (5, 7) (6, 10) (7, 1) (7, 5) (8, 7) (9, 2) (9, 10) (10, 5) (10, 8)

벽돌 위에 또 벽돌

벽돌공 브래드를 도와 세 면의 벽을 완성해요.

먼저 벽에 쓰인 숫자들을 벽마다 따로 더해요.
그리고 가장 아래에 있는 벽돌 중 3개씩을 골라 넣어
아까 더한 벽돌의 숫자와 같게 만들어 보아요.
비어 있는 칸에 그 숫자를 적어요.

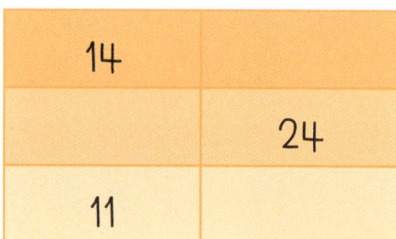

14	
	24
11	

17	
	31
9	

33	
	15
22	

10	6	28	19	18
16	35	21	23	

앨런 튜링과 함께 풀어 보아요!

2쪽에서 소개한 코드를 이용해 재미있는 사실을 알아보아요!

◎◬☆ +⤙♁☆⤙◎❄◎+⚛⤙ ⚛⤙ ❄ ◇◆+▲∴ +🐟 ▲❄▤▤☆♁ ❄
◩◆⚛⚝⊡

숫자를 찾아라

거북이 마이북은 숫자 하나를 떠올리고 있어요.
그 숫자를 거품 안에 넣은 다음 후
불어 버릴 생각이에요.

단서를 읽고 거북이 생각한
숫자를 찾아보아요.

45 48 11
10 4 50
19
38 25
3
20
43

31 29 32 14 49
16 24 2 9

23 8 15
18
46 26
30
7 28 41 6

27
33 21 36 34
17 40 13

47
5
39
42 44 22
35 12 37

소수가 아니에요.
3으로 정확하게 나뉘지 않아요.
짝수가 아니에요.
5의 배수가 아니에요.

베티의 버거 메뉴

소고기버거 또는 채소버거

토핑 선택 메뉴

치즈	토마토	머스터드
양파	오이피클	케첩

주문에 따라서

베티의 버거에 주문이 엄청나게 밀려들었어요.
재료마다 얼마나 필요할까요?

양파 한 개로 버거 6개, 토마토 한 개로 버거 3개,
오이피클 한 개로 버거 2개를 만들 수 있어요.

18명이 버거를 주문했어요.
그들 중 4명은 채식주의자예요.
3명 빼고 모두 치즈를 넣어 달라고 했어요.
6명은 양파를 좋아하지 않아요.
3분의 2는 토마토를 넣어 달라고 했어요.
고기를 먹는 사람 중 절반과 채식주의자
1명은 오이피클을 좋아하지 않아요.
10명은 겨자 또는 케첩을 좋아하지 않아요.
나머지 중 절반은 머스터드를,
절반은 케첩을 달라고 했어요.

베티에게 필요한 것들

	소고기버거
	채소버거
	슬라이스 치즈
	양파
	토마토
	오이피클
	머스터드 뿌리기
	케첩 뿌리기

거꾸로 계산하기

그 이름도 유명한 매력별에 사는 외계인들이 거꾸로 계산하기를 하고 있어요.
계산식에서 첫 번째 숫자는 무엇일까요?

$? \times 6 + 3 = 39$

$? \times 6 \times 25 = 300$

$? - 4 - 18 = 4$

$? + 29 + 3 = 82$

$? \times 4 \times 2 = 72$

$? \div 10 \div 10 = 1$

앨런 튜링과 함께 풀어 보아요!

이 수식에서 첫 번째 숫자는요?

$? \div 5 \div 3 \div 10 = 3$

1, 2, 3, 4!

더하면 24가 되는 네 숫자의 조합이 격자판에 숨어 있어요. 가로칸 2개와 세로칸 2개로 이루어진 네모 안을 들여다보고 조건에 맞는 숫자 조합을 찾아볼까요?

5	7	6	3	2	8	9	6
2	8	1	8	4	7	1	7
6	5	8	2	9	3	8	5
1	9	3	7	5	6	2	4
3	5	8	4	9	5	8	7
8	4	9	6	7	4	5	2
3	7	5	4	5	9	8	6
9	3	8	3	8	5	1	7

앨런 튜링과 함께 풀어 보아요!

2쪽에서 소개한 코드를 이용해 아래 질문에 대한 대답을 찾아보아요.

조지 보상이 만들어낸 유명한 악기는 무엇일까요?

◎△+🐟 ❄⚒☆◆+▲❄≺ +≺□☆≺◎⚛◆ ⚛◩ ⚒⬢🐟+▲❄🛢

+≺🐟◎◆⬢⚒☆≺◎🐟 🛢❄⬢≺▲△☆🝖 ◎△☆ ◩+◆🐟◎

☆🛢☆▲◎◆+▲ ✪⬢+◎❄◆ +≺ ⍏∩⍏⍏⊙

눈이 내려요

어느 겨울날, 제이크와 제니는 눈이 얼마나 내리는지 측정해 보기로 했어요.

오전 8시부터 9시까지 한 시간 동안 제이크와 제니는
측정 비커 안에 눈이 2센티미터 쌓인 것을 확인했어요.
이후 4시간 동안 비커 안 눈은 이전보다 2배씩 빠르게 쌓였어요.
오후 3시까지 시간마다 3센티미터씩 쌓였어요.
다음 4시간 동안 시간마다 2.5센티미터씩 눈이 내렸어요.
측정을 끝내기로 한 저녁 9시까지 비커에 눈이 5센티미터 더 쌓였어요.

쌓여 있는 눈은
모두 몇 센티미터일까요?
(와, 눈 온다!)

숫자가 빙글빙글

비어 있는 네모 칸에
1부터 9까지 숫자를 채워 넣어요.

각 숫자는 네모 칸에 한 번만 나올 수 있어요.
동그라미 안 숫자는 주변 네모 칸의 숫자 네 개를
모두 곱한 것과 같아요.

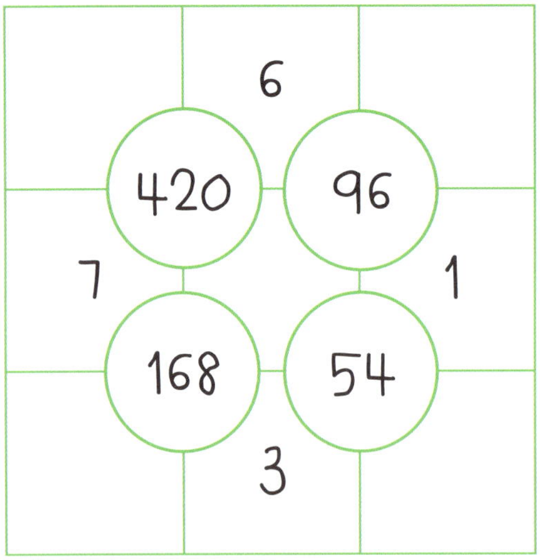

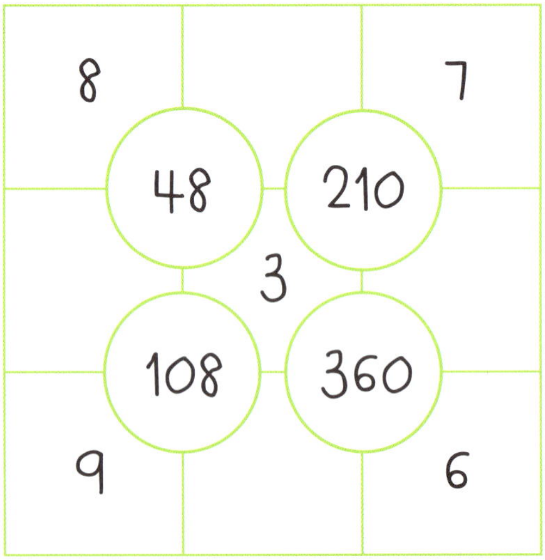

앨런 튜링과 함께 풀어 보아요!

2쪽에서 소개한 코드를 이용해 재미있는 사실을 알아보아요!

자전거 길

벤은 지도의 점과 점 사이를 달려
그림을 만들 거예요. 좌표를 지도에 표시해
벤이 무엇을 그렸는지 살펴보아요.

좌표는 모두 가로가 먼저이고 뒤이어 세로가 나와요.
(1, 2) (1, 4) (3, 5) (2, 5) (1, 6) (1, 8) (2, 10) (2, 8) (3, 9) (3, 7)
(2, 7) (2, 6) (3, 6) (4, 7) (6, 7) (7, 6) (8, 6) (9, 7) (8, 8) (9, 10)
(9, 8) (10, 10) (10, 7) (8, 5) (7, 5) (9, 4) (10, 3) (8, 4) (7, 4) (8, 3)
(8, 1) (7, 3) (6, 4) (4, 4) (3, 3) (3, 1) (2, 3) (3, 4) (2, 4) (1, 2)

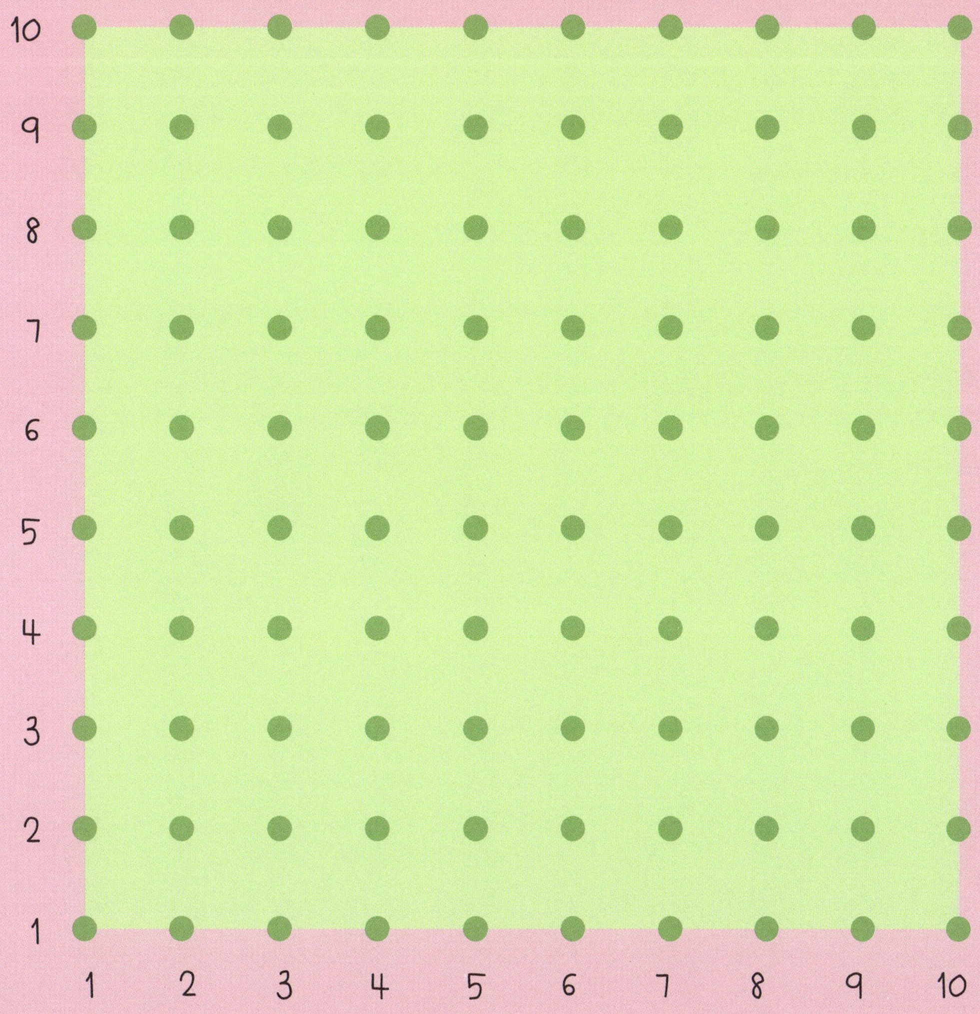

제곱의 마법

여러분이 지닌 마법의 수학 능력을 이용해 숫자 하나와
그 숫자의 제곱을 연결하는 선을 그어요.
도움이 되도록 선 하나를 미리 그어 놓았어요.

144 4

8

64 100 81

2

36 10,000

49

9

5 6 10

169 121 100

7

3

25

11

9 16

4

12 13

사파리 퍼레이드

숫자들의 행렬에서 마지막에는 어떤 숫자가 올까요?

70 60 51 43

3 6 10 15

2 3 6 18

1 8 27 64

앨런 튜링과 함께 풀어 보아요!

2쪽에서 소개한 코드를 이용해 아래 질문에 대한 대답을 찾아보아요.
코끼리는 얼마나 높이 뛰어오를까요?

바닷가에 길 내기

시작점에서 끝까지 조개들을 지나며 선을 끊이지 않게 그을 수 있나요? 선은 위·아래·옆으로는 그을 수 있지만 대각선으로는 그을 수 없어요. 그리고 3의 배수가 쓰여 있는 조개만 지나갈 수 있답니다.

출발

33	2	19	4	56	11	4	101
9	5	10	47	25	15	93	96
12	15	21	3	7	12	28	18
26	44	19	6	89	27	4	12
20	30	18	27	14	21	34	303
205	21	34	1	22	99	40	333
8	36	9	300	66	3	20	6
35	26	17	5	100	80	9	600

도착

십자말풀이, 단서를 찾아라

식을 풀어서 답을 알아낸 다음 한 칸에 한 자릿수가 오도록 빈칸에 정답을 써넣어요.

가로
1. 5×25
2. 12×7
4. 6×8
6. 11×100
7. 10,000-895
11. 600-44
12. 20^2

세로
1. 12^2
2. 20×20×20
3. 888+222
5. 1,000-111
8. 60+70
9. 50×11
10. 8^2

앨런 튜링과 함께 풀어 보아요!

2쪽에서 소개한 코드를 이용해 재미있는 사실을 알아보아요!

흙 고르기

두 정원사가 식물을
키우는 꽃밭은 각각
몇 제곱미터일까요?

앨런 튜링과 함께 풀어 보아요!

2쪽에서 소개한 코드를 이용해 아래 질문에 대한 대답을 찾아보아요.

숫자 용의자

경찰관이 범인으로 의심 가는 숫자 여섯을 추적하고 있어요.
모둠 속 숫자를 모두 더한 합은 왼쪽 동그라미 안의 숫자와 같아야 해요.
이를 위해 각 모둠에서 숫자를 두 개씩 지워야 한답니다.
지워야 하는 숫자들을 찾아볼까요?

스키 언덕

스키 언덕의 각도 중 빠진 것을 찾아볼까요?

힌트: 삼각형 안에 있는 각을 모두 더하면 180°가 돼요. 반원의 중심각의 각도도 180°예요.

도시를 구하라

폭동시 경비대원들이 범죄자를 잡느라 한 주를 바쁘게 보냈어요. 대원들의 훌륭한 성과가 나타난 그래프를 보고 문제에 답을 해 보아요.

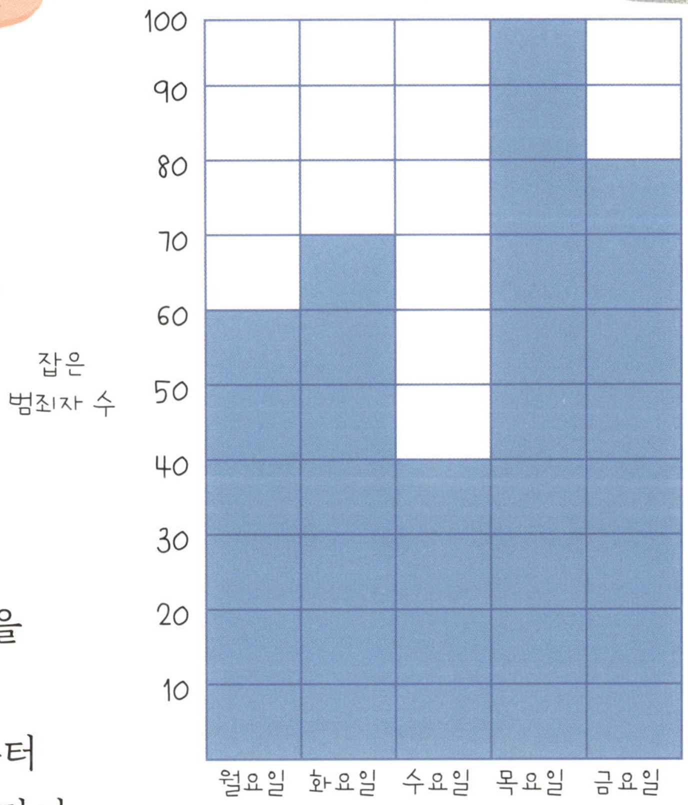

1. 경비대원들은 한 주 동안 범죄자를 모두 몇 명 잡았나요?
2. 금요일에 비해 50% 적게 범죄자들을 잡은 날은 언제일까요?
3. 월요일부터 수요일까지와 목요일부터 금요일까지 중 언제 범죄자들을 더 많이 잡았을까요? 아니면 둘 다 같았을까요?

앨런 튜링과 함께 풀어 보아요!

가장 한가했던 날 잡은 범죄자 수에 비해 가장 바빴던 날 잡은 범죄자 수는 얼마나 많을까요?

동점입니다!

같은 숫자끼리 연결되도록 한 칸에서
다른 칸으로, 가로로 또는 세로로 길을 그려요.
하지만 대각선으로는 절대 길을 그릴 수 없어요.

1							
2	3		4	5		6	
			3				4
			1				
						5	
					7	8	
		9	2				
	9	7			8	6	

숫자가 들어 있는 칸에는
선을 긋거나 길을 낼 수
없고, 빈칸들은 모두
사용해야 한답니다.

어떻게든 싹싹

친구들이 다른 화폐를 사용하는 외국에 갔어요.
동전을 가장 적게 내고 점심을 사 먹은 사람은 누구일까요?
이때 잔돈은 받지 않아요.

모두 900원짜리 핫도그, 750원짜리 버거,
600원짜리 아이스크림을 사 먹었어요.

앨런 튜링과 함께 풀어 보아요!

게리는 음식값을 낸 뒤 친구에게 핫도그를 사주려고 해요.
게리에게 그럴 만한 돈이 있을까요?

공룡이 숫자를 아작아작

격자판에 숫자를 맞춰 넣어요.
네모 한 칸에는 각 자리의 숫자가 하나씩 들어간답니다.

21 27 42

304 356 458 494 724

1054 1872 7365 7939 9127 9520

51223 52710 60180 62248

166715 174236 512147 857716

자동차 경주

자동차 넉 대가 200킬로미터를 달리려고 출발했어요.
각각 얼마나 걸렸고 어떤 자동차가 가장 먼저 들어올까요?

A

A 자동차는 시간당 50킬로미터로 절반의 거리를 달려요. 15분간 쉰 다음 이어서 나머지 거리를 시간당 40킬로미터로 달려요.

B

B자동차는 시간당 40킬로미터로 달려요. 이후 시간당 50킬로미터로 30분 동안 달리며, 10분간 멈춥니다. 그리고는 도착점까지 시간당 60킬로미터로 달려요.

C

C 자동차는 90분 동안 시간당 30킬로미터로 달리다 한 시간 동안 시간당 50킬로미터로 달려요. 30분간 멈췄다가 그다음 이어서 나머지 거리를 시간당 70킬로미터로 달려요.

D

앨런 튜링과 함께 풀어 보아요!

D 자동차는 한 시간 동안 시간당 45킬로미터를 달려요.
10분간 쉬었다 이어서 45분 동안 시간당 60킬로미터를 달려요.
또 10분을 쉰 다음 시간당 55킬로미터로 결승선까지 달려요.
이 자동차는 앞 경주의 우승자를 이길 수 있을까요?

거대 세균

의사들이 거대 세균과 싸우고 있어요. 지난주에는 빨간 뾰루지 세균 60개, 파란 찐득찐득 세균 75개, 초록 심술덩어리 세균 80개가 나타났어요. 아래 남아 있는 세균을 세어 보고 의사들이 제거한 세균은 전체 중 몇 퍼센트인지 알아보아요.

앨런 튜링과 함께 풀어 보아요!

2쪽에서 소개한 코드를 이용해 재미있는 사실을 알아보아요!

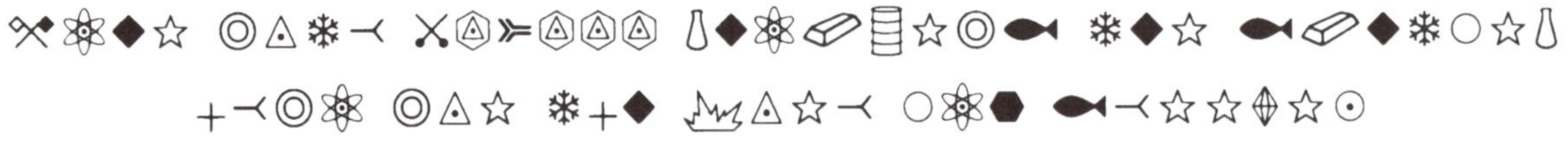

정육면체 정리하기

아래 더미에 정육면체가 몇 개 있을까요?
가장 아래층 바로 위로 보이는 블록들은 아래 블록들이 받쳐 주고 있답니다.
어떤 블록도 공중에 떠 있지 않아요. 그리고 가장 적은 개수로 쌓았습니다.

통통 튀어 오르는 공

어떤 공이 가장 높이 튀어 오를까요?
아래 설명과 어울리는 숫자 하나를 찾아 동그라미 하세요.

2	3	4	5	6	7	8	9	10
11	12	13	14	15	16	17	18	19
20	21	22	23	24	25	26	27	28
29	30	31	32	33	34	35	36	37
38	39	40	41	42	43	44	45	46
				47	48	49	50	

1. 짝수
2. 농구공 위 어떤 수의 제곱
3. 두 자릿수
4. 한 달 안에 있는 날짜

낭비할 시간이 없어!

비상사태가 일어났어요. 구조 차량이 사건 장소까지 서둘러 가야 해요.
숫자는 구간마다 거리를 나타내요. 어느 길로 가야 가장 빠를까요?

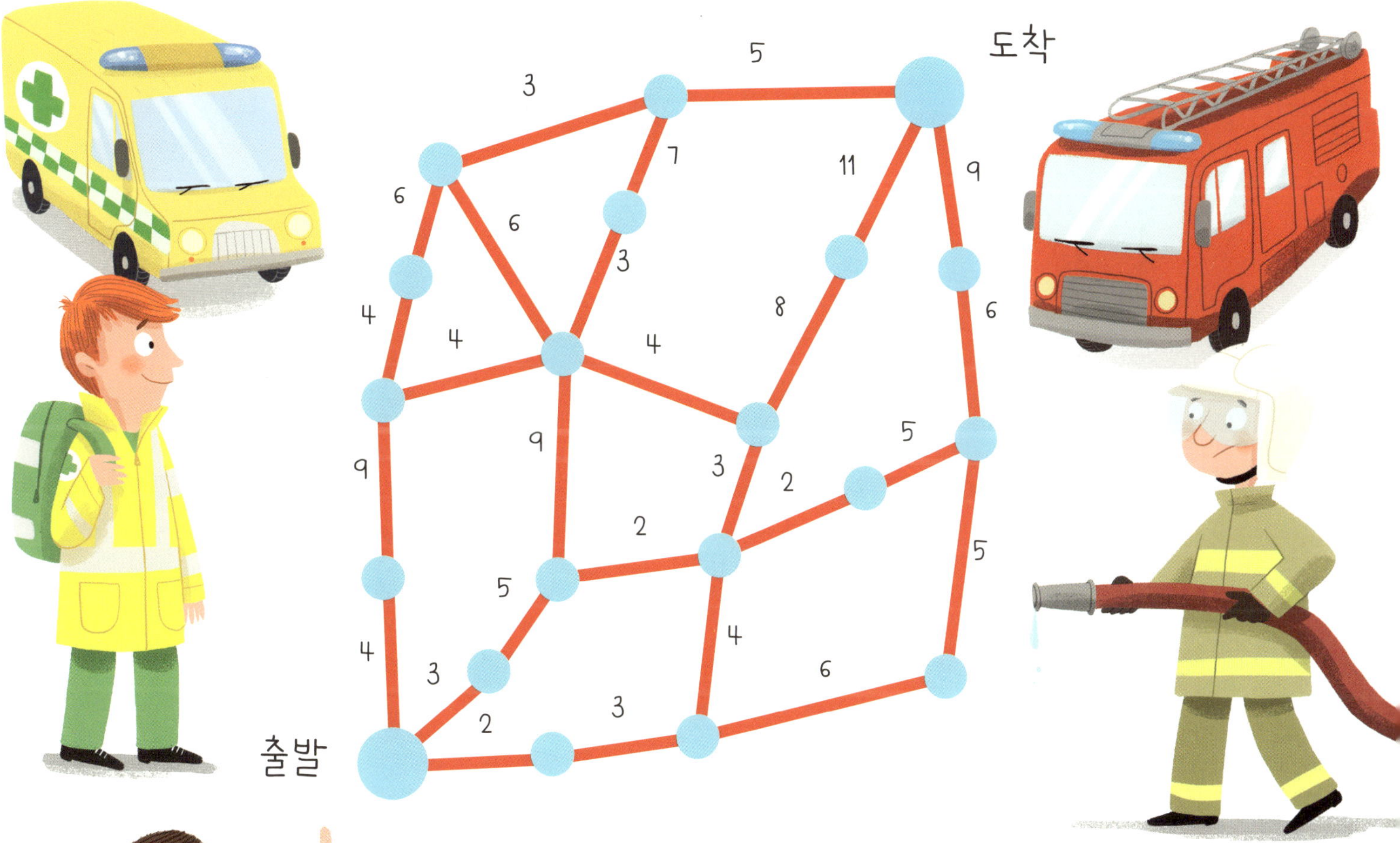

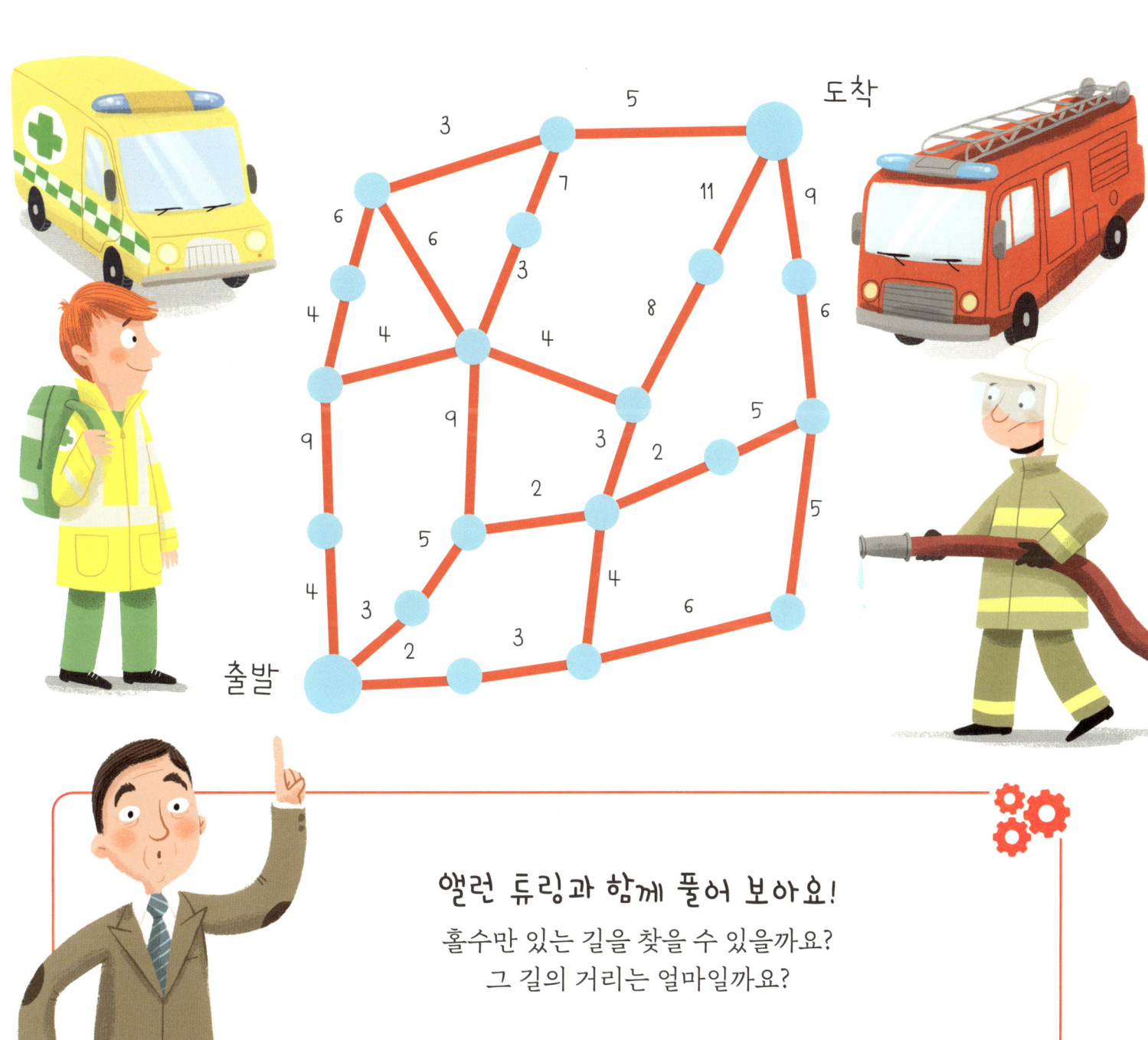

앨런 튜링과 함께 풀어 보아요!

홀수만 있는 길을 찾을 수 있을까요?
그 길의 거리는 얼마일까요?

행운의 숫자 4

행운의 네잎클로버를 찾아가려고 해요. 4의 배수가 있는 정육면체만 밟고 지날 수 있도록 길을 찾아보아요. 한 번 지나간 숫자로는 다시 갈 수 없어요.

견과류 나누기!

다람쥐 여섯 마리가 견과류를 똑같이 나눠 먹어야 해요.
다람쥐들은 모두 몇 개씩 갖게 될까요? (다람쥐가 4마리라면 몇 개씩 나눠 가질까요? 다람쥐가 3마리라면 몇 개씩 나눠 가질까요?)

앨런 튜링과 함께 풀어 보아요!

2쪽에서 소개한 코드를 이용해 재미있는 사실을 알아보아요!

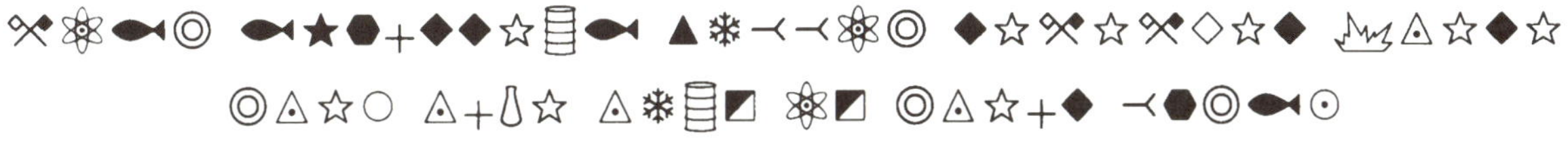

얼마나 멀리 갈까요

운동 지능이 뛰어난 어린이들이 오늘은 얼마나 멀리 갈까요?

신디는 20분 동안 시간당 6킬로미터의 속도로 스케이트보드를 탔고 30분 동안 시간당 4킬로미터의 속도로 걸었어요. 그리고 30분 동안 시간당 9킬로미터의 속도로 스케이트보드를 탄 다음 똑같은 방법으로 집으로 돌아갔어요.

브라이언은 달리기 훈련을 하고 있어요. 45분 동안 시간당 8킬로미터의 속도로 달렸어요. 쉬고 나서 30분 동안 시간당 6킬로미터의 속도로 달린 다음 그 절반의 속도로 다시 30분을 달렸어요. 그러고는 시간당 12킬로미터의 속도로 10분을 빠르게 달렸어요.

조시는 자전거를 타고 45분 동안 시간당 6킬로미터의 속도로 공원 주변을 천천히 돌았어요. 20분 동안 시간당 3킬로미터의 속도로 자전거를 밀며 걸은 다음 다시 15분 동안 시간당 8킬로미터의 속도로, 이어서 30분 동안 시간당 6킬로미터의 속도로 자전거를 탔어요.

쪼개서 생각하기

썰고썰기 아주머니가 도형들을 조각냈어요.
아주머니가 조각내고 남은 모양(어두운 부분)을
분수로 나타내면 어떻게 될까요?

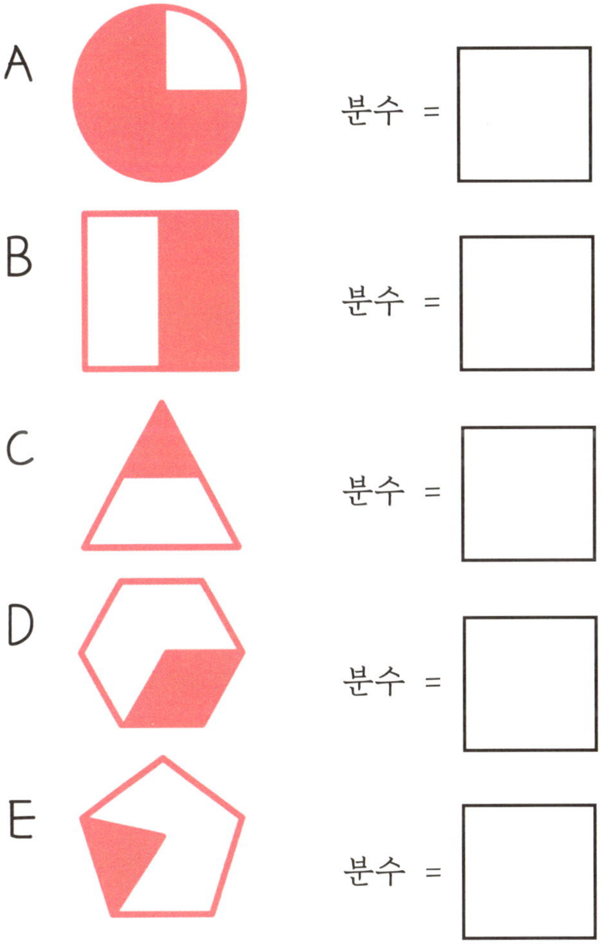

앨런 튜링과 함께 풀어 보아요!

각 모양의 잘라낸 부분을 퍼센트로 나타내 보아요.

사라진 부호를 찾아라

오, 안 돼요! 도둑 캣이 계산식에서 부호를 훔쳐 갔어요.
올바른 답을 얻으려면 어떤 부호(+, - , ×, ÷)가
어떤 수식에 들어가야 할까요?

4 ? 7 ? 11 = 39

20 ? 5 ? 10 = 90

54 ? 6 ? 5 = 45

36 ? 4 ? 6 = 15

32 ? 4 ? 26 = 34

앨런 튜링과 함께 풀어 보아요!

이번엔 이것을 해 보아요! 11? 6? 3? =22

유령 사냥

유령사냥꾼들을 도와 유령의 집을 찾아보아요.
길을 따라가는 동안 만나는 숫자를 더해
얼마나 많은 유령을 잡았는지 세어 보아요.
모두 몇 마리나 잡았을까요?

왕에게 완전한 것

모든 소수를 지운 다음 어떤 그림이 나타나는지 살펴보아요.

67	12	7	28	47	66	4	37	70	19	50	83
41	13	71	97	3	44	12	29	7	53	5	73
23	79	31	2	62	20	58	61	17	89	11	31
45	83	41	61	10	1	42	34	7	41	79	30
8	11	21	59	51	47	23	74	71	40	29	18
57	5	6	43	33	31	5	76	2	60	43	9
65	5	89	17	19	13	83	17	53	3	61	75
35	73	39	97	31	64	72	19	29	24	67	25
56	59	15	67	3	22	32	13	11	52	23	68
27	29	71	43	37	48	69	43	97	73	37	54
3	11	19	2	79	7	53	89	23	59	2	17
77	46	85	26	55	47	13	36	49	63	16	38

남겨진 로마자

역사가를 도와 옛날에 일어난 일을 알아보아요.
로마자 수식을 계산해 답을 찾으면 된답니다.

1. IX − II =

2. IV + VII =

3. VIII − V =

4. XXII + IX =

5. XXX − IV =

앨런 튜링과 함께 풀어 보아요!

이번엔 이것을 해 보아요! XV+XXII=

균형 잡기

두 양팔저울 위에 놓인 도형들을 살펴보아요.
아래에 있는 양팔저울 왼쪽에 어떤 모양을 놓아야 양쪽이 균형을 이룰까요?

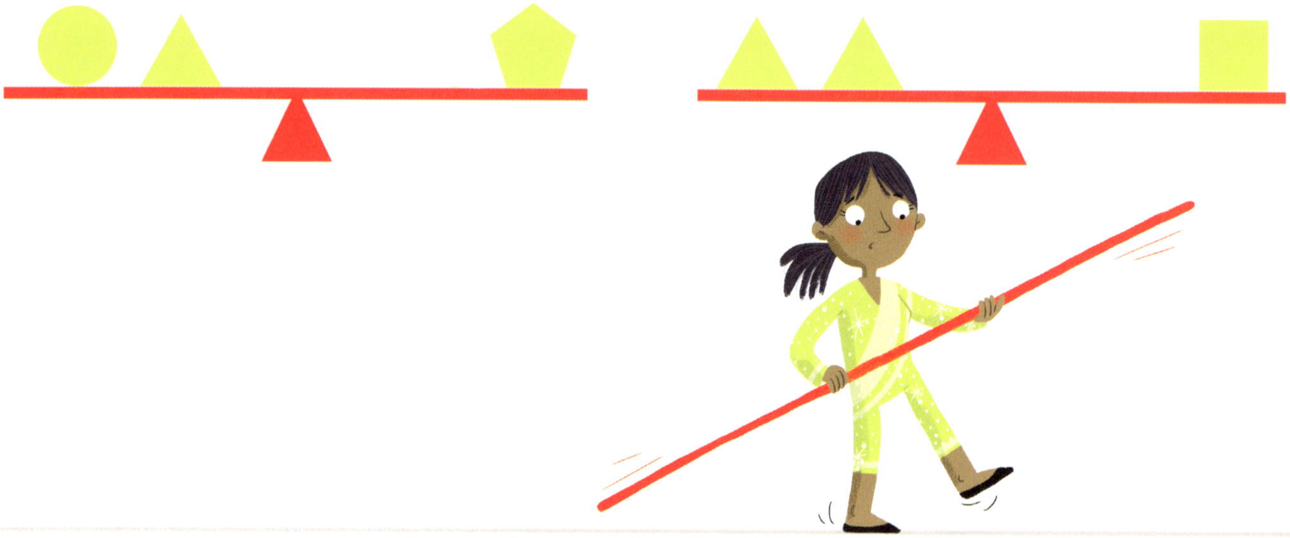

앨런 튜링과 함께 풀어 보아요!

2쪽에서 소개한 코드를 이용해 아래 질문의 대답을 찾아보아요.
가장 높은 줄타기는 얼마일까요?

셋은 너무 많아요

저글링을 하는 어릿광대의 공에서
어떤 숫자 두 개를 더해야 아래 합이 나올까요?
숫자들은 한 번만 사용할 수 있어요.

합이 26

합이 30

합이 40

합이 43

피자 조각

피자를 다른 사람들과 나누기 위해 조각으로 자르려고 해요.
정확히 똑같은 크기로 자른다면 한 조각의 각도는 몇 도일까요?
첫 번째 피자는 적어 두었어요.

2명을 위해: 180°

3명을 위해: ___°

4명을 위해: ___°

5명을 위해: ___°

6명을 위해: ___°

앨런 튜링과 함께 풀어 보아요!

8명에게 나눠 주려면 조각의 각도는 얼마일까요?

근무하는 날

다음은 어느 소방관의 근무 시간표예요.
이 소방관은 월요일부터 금요일까지 얼마나 일했나요?
근무 시간 항목을 시간과 분으로 채워 보아요.

요일	시작	끝	근무 시간
월요일	오전 8시 30분	오후 5시 40분	
화요일	오전 8시 20분	오후 6시 17분	
수요일	오전 7시 45분	오후 4시 35분	
목요일	오전 9시 5분	오후 5시 50분	
금요일	오전 8시 52분	오후 5시 38분	

케이크 장식하기

빵 굽는 벨린다에게는 꾸며야 할
도넛이 80개 있는데 토핑이 충분하지 않아요.

벨린다에게는 ……이 있어요.

… 초콜릿 44개용

… 크림 28개용

… 가루 장식 24개용

… 캐러멜 16개용

… 시나몬 8개용

각각의 토핑을 얹게 될 도넛은
몇 퍼센트일까요?

바닷속 짝꿍 찾기

계산했을 때 같은 답이 나오는 수식끼리 짝을 지어 보아요.

4 × 12

20 × 4

7 × 11

56 ÷ 2

70 ÷ 2

3 × 6

6 × 8

8 × 10

32 + 32

64 − 13

7 × 5

9 × 2

7 × 6

90 − 13

17 × 3

4 × 7

54 ÷ 6

81 ÷ 9

8 × 8

29 + 13

앨런 튜링과 함께 풀어 보아요!

2쪽에서 소개한 코드를 이용해 재미있는 사실을 알아보아요!

꼬마요정의 요술

꼬마요정이 표의 숫자 대부분을 사라지게 했어요.
사라진 숫자를 비어 있는 네모 칸에 적어 계산식을 맞게 만들어 보아요.
사라진 숫자는 1부터 9까지입니다.
1부터 9까지의 숫자는 한 번만 나타날 수 있어요.

	+		−	1	=	11
×		×		+		
8	×		−		=	26
÷		−		×		
	+		×	9	=	45
=		=		=		
20		25		63		

앨런 튜링과 함께 풀어 보아요!

정답을 모두 더하면 어떤 숫자를 얻게 될까요?

11 + 26 + 45 + 20 + 25 + 63

도형 스도쿠

서로 다른 도형 9개를 빈 네모 칸에 그려 보아요.
이때 가로·세로·3×3상자 안 네모에는
9개 도형이 한 번씩만 들어갈 수 있답니다.

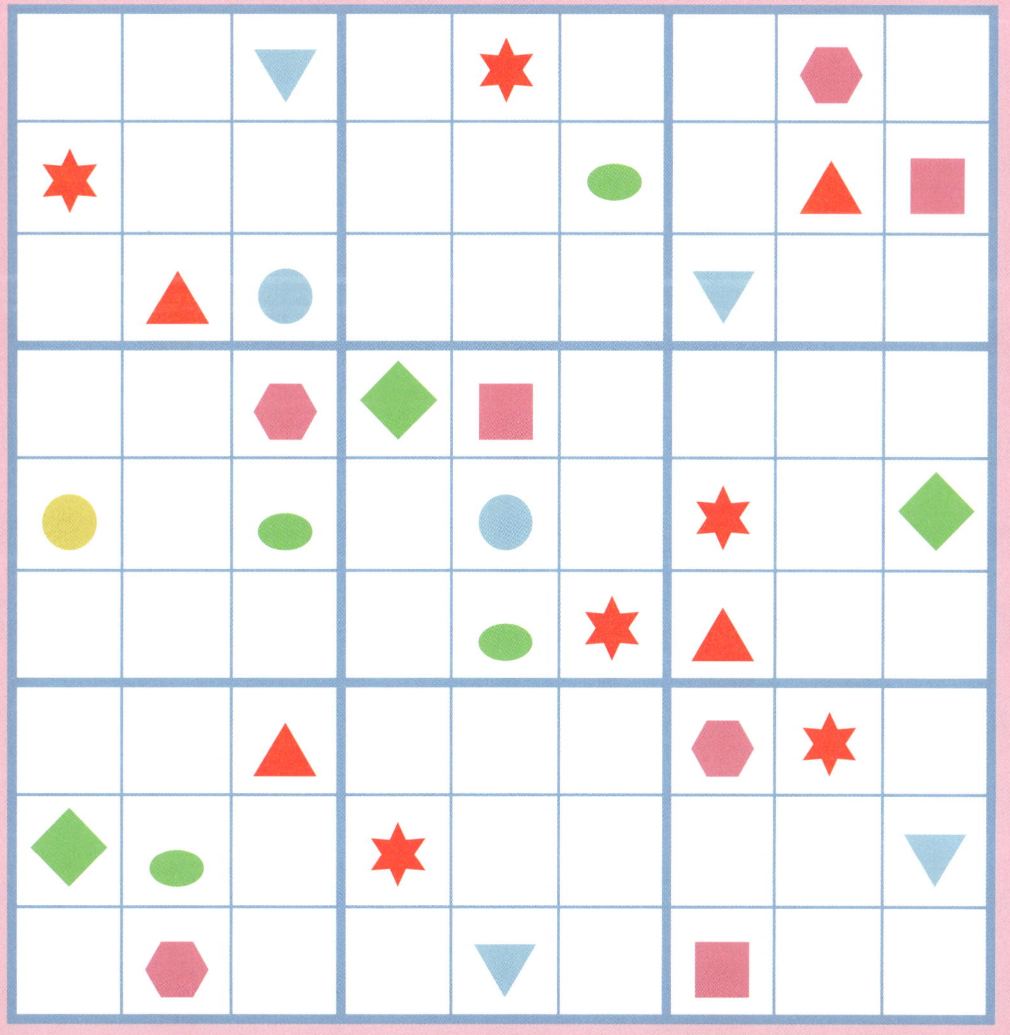

으스스한 홀수와 짝수

여기 으스스한 행렬 네모 칸에 1부터
6까지의 숫자를 채워요.

가로줄이나 세로줄에 같은 숫자가 두 번 나올 수는
없어요. 점선으로 나뉜 두 네모 칸 하나에는 홀수,
다른 한 칸에는 짝수가 나와야 해요.

4		3			2
	5		1		4
				1	
5	6	2			
		4	2		
3			6	2	

시원하게 골라요

덥고 햇볕 쨍쨍한 날, 모두 아이스크림을 먹고 싶어 해요.
아이스크림 가격은 토핑을 얹으면 240원, 250원인데
초콜릿을 얹으면 300원이에요.

2,500원으로 각 아이스크림을 몇 개 살 수 있고
잔돈은 얼마가 남을까요?

1,200원으로 각 아이스크림을
몇 개 살 수 있고
잔돈은 얼마가 남을까요?

앨런 튜링과 함께 풀어 보아요!

세상에서 가장 기괴한 아이스크림은 무엇일까요?

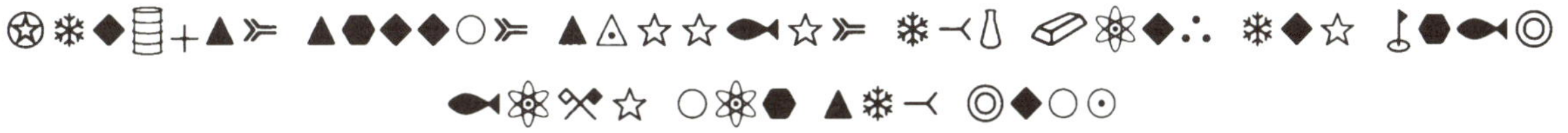

음악 차트 1위는 누구

이 차트에는 매주 앨범이 얼마나 많이 팔렸는지 기록되어 있어요.

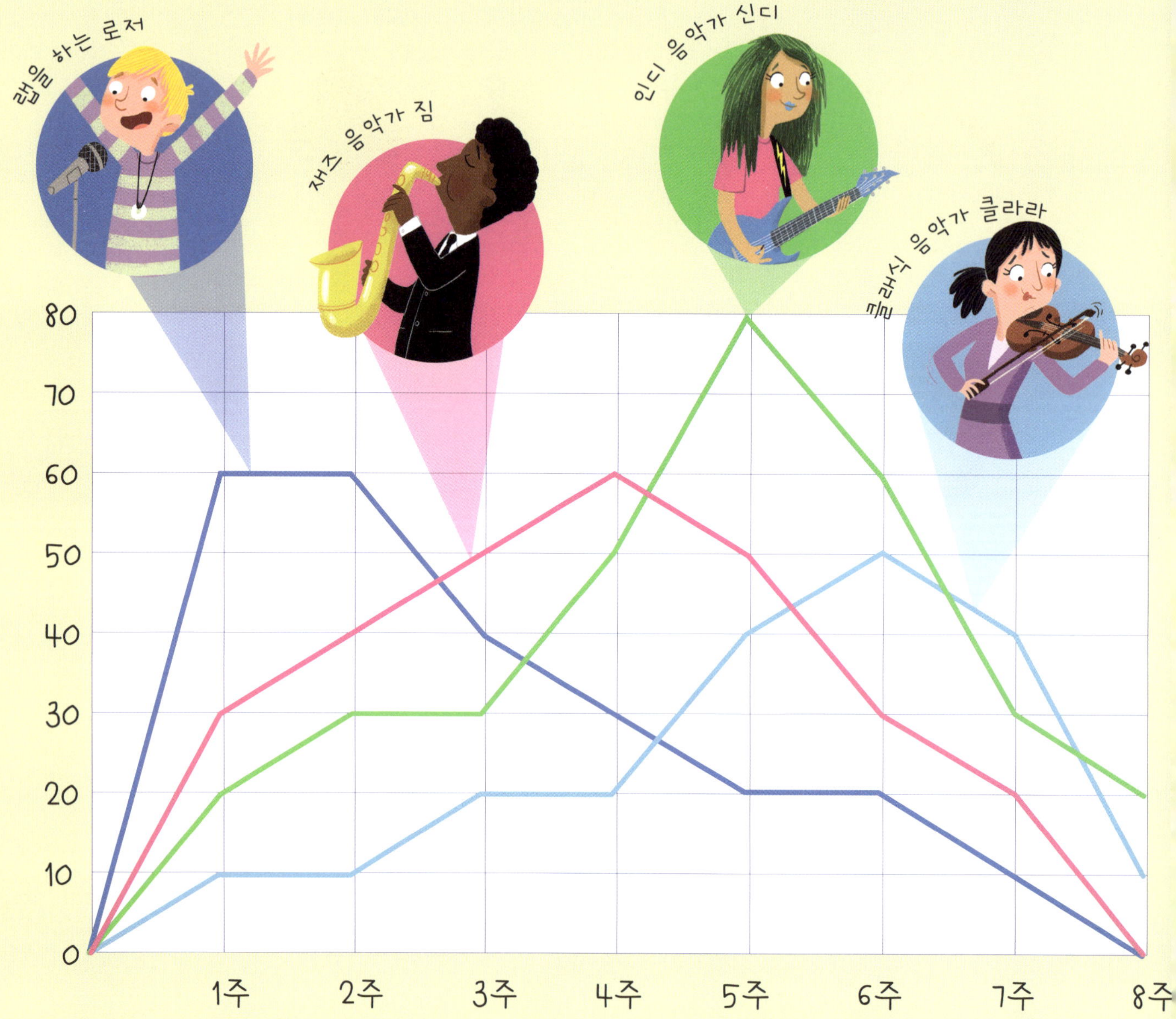

8주 통틀어 음악가들 각각은 앨범을 몇천 장 판매했을까요?

누가 가장 유명할까요? 8주 동안 음악가들의 평균 앨범 판매량은 각각 얼마나 될까요?

해적이 훔친 보물

애꾸눈 해적 선장이 선원들과
훔친 보물을 나누고 있어요.
선장과 선원 3명이 똑같이 나누면
다음 보물을 각각 얼마나 갖게 될까요?

금화 24
은화 36
팔찌 12
다이아몬드 60
루비 48
에메랄드 84

앨런 튜링과 함께 풀어 보아요!

애꾸눈 선장이 마음을 바꿔 보물의 절반을 자기가 갖고
나머지를 선원에게 나눠 주기로 했어요.
그러면 선원들은 보물을 얼마나 갖게 될까요?

연못에서 만난 친구들

연못에 오리가 130마리 왔어요.
그중에 수컷 오리, 암컷 오리, 아기 오리,
하얀색 오리, 노란색 오리, 갈색 오리는
각각 몇 마리일까요?

40%는 수컷이에요.
60%는 암컷이에요.
30%는 아기 오리예요.
10%는 대체로 하얀색이에요.
20%는 대체로 노란색이에요.
70%는 대체로 갈색이에요.

앨런 튜링과 함께 풀어 보아요!

오리 5분의 1이 둥지를 짓는다면 모두 몇 마리가 둥지를 갖게 될까요?
둥지 하나에 알을 여섯 개씩 낳고 알이 모두 부화한다면
귀여운 아기 오리가 몇 마리 생길까요?

원시 괴물 찾기

도깨비 게일이 원시 시대부터
살고 있는 괴물 용을 찾아요.
길을 따라가 힘이 센 이 괴물을 찾아보아요.
이때 소수만 밟으며 가야 한답니다.

맞닿은 타일 사이로만 움직일 수 있고
왔던 길로 되돌아갈 수는 없어요.

출발

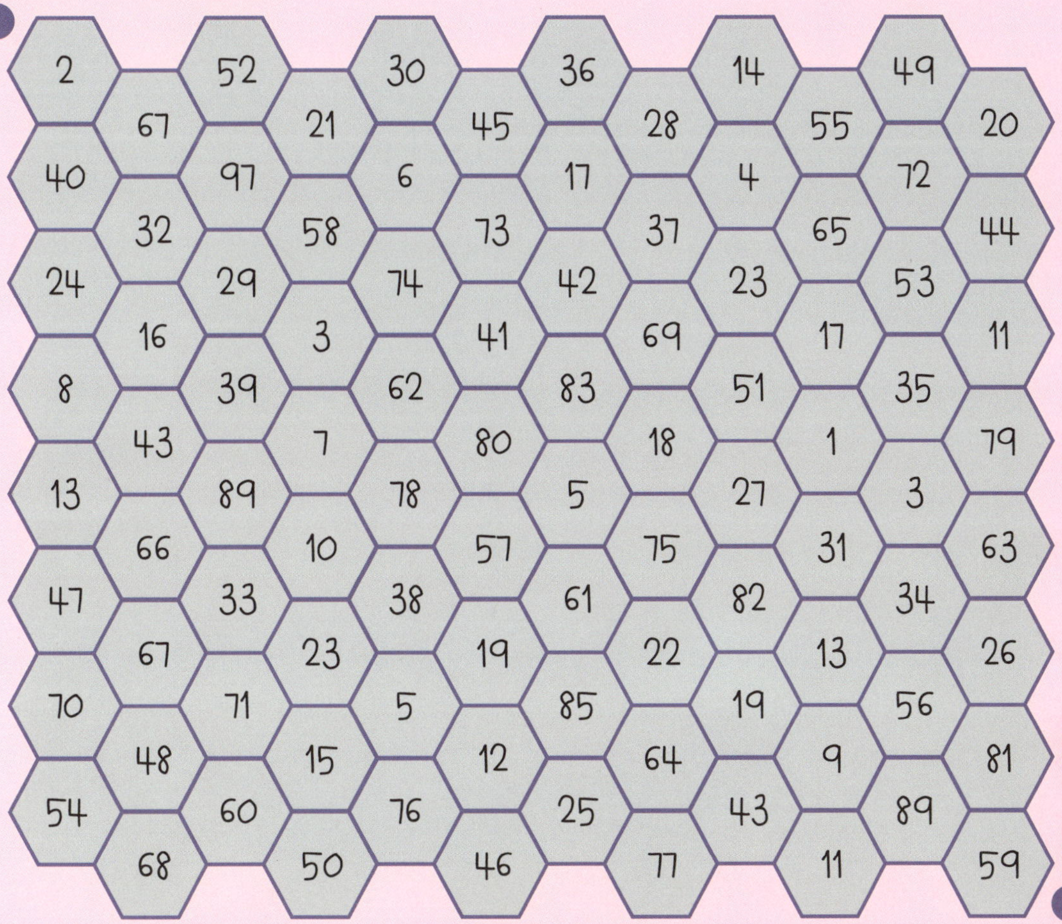

도착

누가 최고일까요

어떤 숫자가 다른 숫자보다 크고 강할까요?

3					<	5		4		1
		2						6		5
		∧								
					<	4	<			
		∧								
									<	
		∧								
		5						1		
5			<		>			2		4

비어 있는 네모에 수를 채워 보아요. 이때 세로줄과 가로줄에 1부터 6까지의 모든 수가 들어가야 해요. 더 크다(>), 더 작다(<) 부호를 잘 보고 숫자가 어디로 가야 하는지 생각해 보아요.

빠르고 신선하게

프레디의 패스트푸드점에서 판매하는 네 가지 음식을
묶은 가격이 가로줄과 세로줄 끝에 쓰여 있어요.
종류마다 얼마인지 알아볼까요?

앨런 튜링과 함께 풀어 보아요!

2,400원으로 아이스크림을 몇 개 살 수 있을까요?

베시아는 파란 화살을
갖고 있어요.

그레엄은 초록
화살을 갖고 있어요.

야나는 노란 화살을
갖고 있어요.

로완은 빨간 화살을
갖고 있어요.

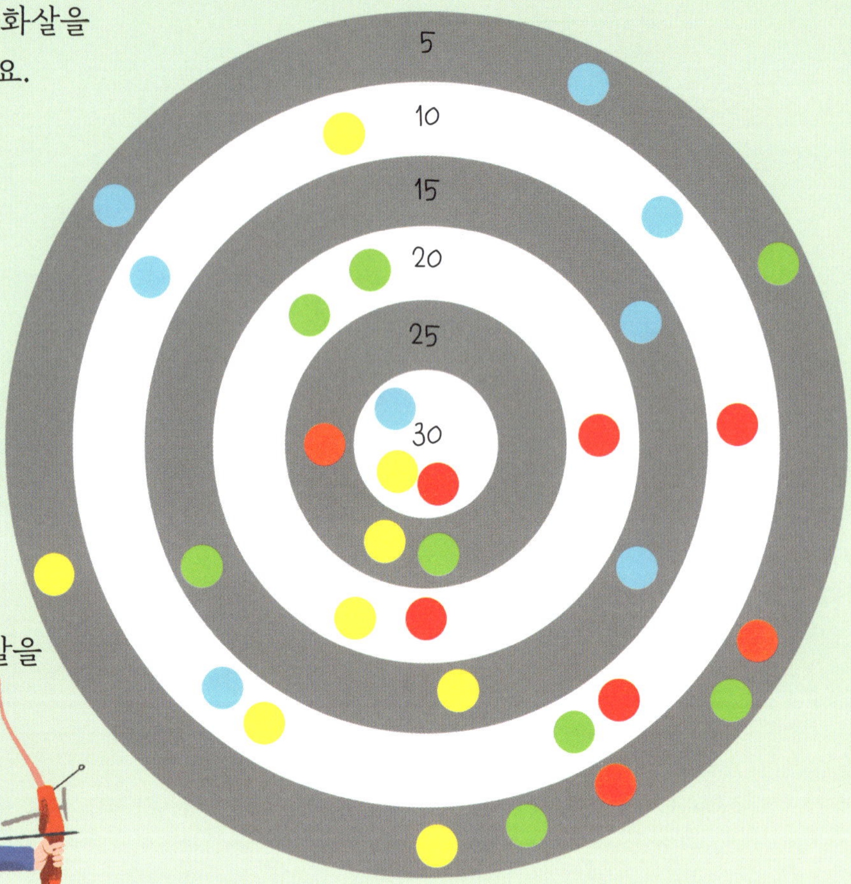

과녁을 향해 날려

궁수 네 명이 각각 8개 화살로
과녁을 향해 활을 쏘아요.
바깥 고리의 5점부터 과녁 한복판의
30점까지 고리마다 다른 점수가
매겨져요.

베시아의 점수:	
그레엄의 점수:	
야나의 점수:	
로완의 점수:	

멀리멀리 달려요

연료를 가득 채운 자동차는 각각 얼마나 멀리 갈 수 있을까요?

1번 자동차는 연료 15리터를 담을 수 있고 1리터당 30킬로미터를 달릴 수 있어요.

2번 자동차는 연료 13리터를 담을 수 있고 1리터당 32킬로미터를 달릴 수 있어요.

3번 자동차는 연료 16리터를 담을 수 있고 1리터당 24킬로미터를 달릴 수 있어요.

4번 자동차는 연료 12리터를 담을 수 있고 1리터당 40킬로미터를 달릴 수 있어요.

앨런 튜링과 함께 풀어 보아요!

2쪽에서 소개한 코드를 이용해 재미있는 사실을 알아보아요!

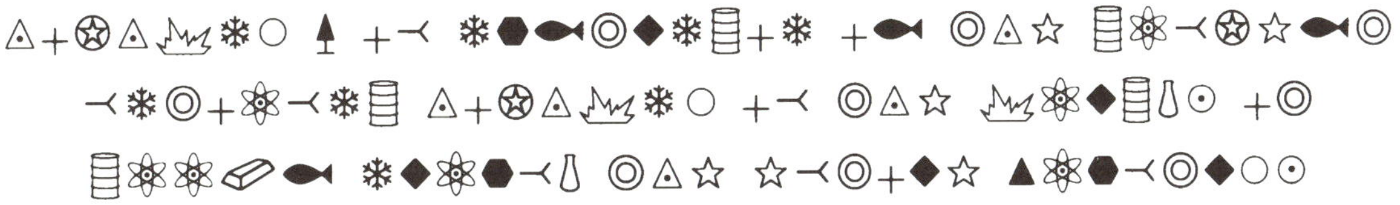

네모 꽉 채우기

이 십자말풀이는 단어가 아닌 숫자가 답이에요.
계산의 답을 채워 보아요. 이때 네모 칸 하나마다
한 자릿수씩만 적을 수 있답니다.

가로

1. 461×2
3. 555−222
5. 20×20
6. 삼각형 모든 각의 합
8. 8×8
10. 63÷3
12. 12×12
14. 6×6
15. 9×111
17. 8×9

세로

1. 1,000−99
2. 480÷2
3. 400−94
4. 7×5
7. 9×9
9. 6×7
11. 91+48
12. 4×4
13. 7×7
14. 4×8
16. 46+46

앨런 튜링과 함께 풀어 보아요!

2쪽에서 소개한 코드를 이용해 재미있는 사실을 알아보아요!

⤙❄⤙✾◇✾◎🐟 ❄◆☆ ◎+⤙○ ◆✾◇✾◎🐟 ◎△❄◎ ▲❄⤙ ◇☆
+⤙♪☆▲◎☆♙ +⤙◎✾ ○✾⬢◆ ◇✾♙○⊙

쉿! 무시무시한 야생동물이에요

아래에 있는 숫자에 해당하는 색깔을 보고
작은 네모를 색칠해요. 무시무시하기로 유명한 정글의
야생동물이 모습을 드러낼 거예요.

숫자마다 칠해야 하는 색은 아래에 나와 있어요.

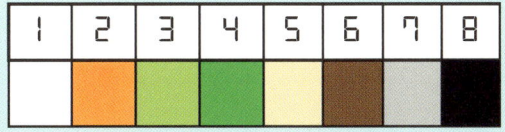

8	8	8	8	3	3	3	3	3	3	3	3	3	3	8	8	8	8	8	
8	8	8	8	3	3	3	3	3	3	3	3	3	3	8	8	8	8	8	8
8	1	1	1	2	8	8	8	8	8	8	8	8	8	2	1	1	1	8	8
8	7	7	2	2	2	2	5	5	8	5	5	2	2	2	2	7	7	8	8
2	2	2	5	8	5	8	8	8	8	8	8	8	5	8	5	2	2	2	2
3	2	5	5	1	1	8	5	5	8	5	5	8	1	1	5	5	2	3	3
1	8	2	8	5	4	1	8	1	6	1	8	1	4	5	8	2	8	1	1
1	8	2	1	4	8	4	6	6	6	6	6	4	8	4	1	2	8	1	1
1	8	5	2	1	4	8	6	2	2	2	6	8	4	1	2	5	8	1	1
1	8	5	8	6	8	2	2	2	2	2	2	2	8	6	8	5	8	1	1
1	8	1	8	8	1	2	2	2	2	2	2	2	1	8	8	1	8	1	1
3	1	1	1	1	8	1	2	2	2	2	2	1	8	1	1	1	1	3	3
3	1	8	8	8	1	8	6	2	2	2	6	8	1	8	8	8	1	3	3
3	1	1	8	5	1	1	6	2	2	2	6	1	1	5	8	1	1	3	3
3	3	1	8	8	1	2	1	6	6	6	1	2	1	8	8	1	3	3	3
3	3	1	8	5	5	1	1	6	8	6	1	1	5	5	8	1	3	3	3
3	3	1	1	8	8	8	1	1	8	1	1	8	8	8	1	1	3	3	3
3	3	3	7	8	1	1	7	8	8	8	7	1	1	8	7	3	3	3	3
3	3	3	3	7	1	1	1	1	1	1	1	1	1	7	3	3	3	3	3
3	3	3	3	3	7	1	1	1	1	1	1	1	7	3	3	3	3	3	3

1	2	3	4	5	6	7	8

퍼즐 해답!

최선을 다해 퍼즐을
풀어 보지 않았다면 이곳을
엿보아서는 안 돼요!
퍼즐이 너무 어려워 앞으로
나아갈 수 없을 때는 문제를
찬찬히 다시 읽어 보세요.

해답

4쪽

A모둠에는 5의 배수가 모여 있어요. 53은 어울리지 않아요.
B모둠에는 7의 배수가 모여 있어요. 17은 어울리지 않아요.
C모둠에는 11의 배수가 모여 있어요. 111은 어울리지 않아요.
D모둠에는 3의 배수가 모여 있어요. 35는 어울리지 않아요.

5쪽

모든 짝의 합은 54가 되어야 해요. 짝은 아래와 같아요.

5와 49	16과 38
7과 47	17과 37
8과 46	19와 35
9와 45	21과 33
11과 43	22와 32
12와 42	23과 31
13과 41	25와 29
15와 39	26과 28

앨런 튜링과 함께 풀어 보아요!
정답: 13

6쪽

A접시
브로콜리 2개=2,400원, 당근 4개=2,800원, 콩 9개=4,500원, 토마토 1개=900원, 양배추 2개=2,200원
모두 12,800원

B접시
브로콜리 3개=3,600원, 당근 5개=3,500원, 콩 7개=3,500원, 토마토 3개=2,700원, 양배추 1개=1,100원
모두 14,400원

C접시
브로콜리 2개=2,400원, 당근 3개=2,100원, 콩 7개=3,500원, 토마토 5개=4,500원, 양배추 3개=3,300원
모두 15,800원

D접시
브로콜리 4개=4,800원, 당근 6개=4,200원, 콩 5개=2,500원, 토마토 2개=1,800원, 양배추 4개=4,400원
모두 17,700원

D접시가 가장 비싸요.

7쪽

줄리엣은 10분 동안 시간당 10킬로미터의 속도로 퀵보드를 탔어요. 그렇게 $1\frac{2}{3}$ 킬로미터를 달렸어요. 그다음 10분 동안 시간당 8킬로미터의 속도로 $1\frac{1}{3}$킬로미터를 달렸어요.=지금까지 20분 동안 3킬로미터예요. 시간당 6킬로미터의 속도로(또는 60분에 6킬로미터의 속도로) 달려 2킬로미터를 달리는 데 20분이 걸렸어요. 따라서 줄리엣은 5킬로미터 가는 데 모두 40분이 걸렸어요.

딜런은 15분 동안 시간당 12킬로미터의 속도로 퀵보드를 탔어요. 그렇게 3킬로미터를 달렸어요. 시간당 6킬로미터의 속도로 달려 2킬로미터를 달리는 데 20분이 걸렸어요. 딜런은 5킬로미터를 가는 데 모두 35분이 걸렸어요. 딜런은 줄리엣보다 5분 늦게 출발했으므로 둘은 같은 시각에 도착했어요.

빌리는 12분 동안 시간당 15킬로미터의 속도로 자전거를 탔어요. 그렇게 3킬로미터를 달렸어요. 시간당 8킬로미터의 속도로 달려 2킬로미터를 가는 데 15분이 걸렸어요. 빌리는 5킬로미터를 가는 데 모두 27분이 걸렸어요. 빌리는 줄리엣보다 10분 늦게 출발했으니 27+10=37, 따라서 줄리엣과 딜런보다 3분 먼저 도착했어요.

앨런 튜링과 함께 풀어 보아요!
정답: Thirty percent of all trips in the Netherlands are made by bicycle. (네덜란드 이동 수단 가운데 30퍼센트는 자전거예요.)

해답

8쪽

$2^2 \div 2 + 10 \times 3 - 25 = 11$

$4^2 \div 2 + 10 \times 3 - 25 = 29$

$6^2 \div 2 + 10 \times 3 - 25 = 59$

$8^2 \div 2 + 10 \times 3 - 25 = 101$

$10^2 \div 2 + 10 \times 3 - 25 = 155$

앨런 튜링과 함께 풀어 보아요!

정답: 3을 곱하는 단계가 빠졌어요.

9쪽

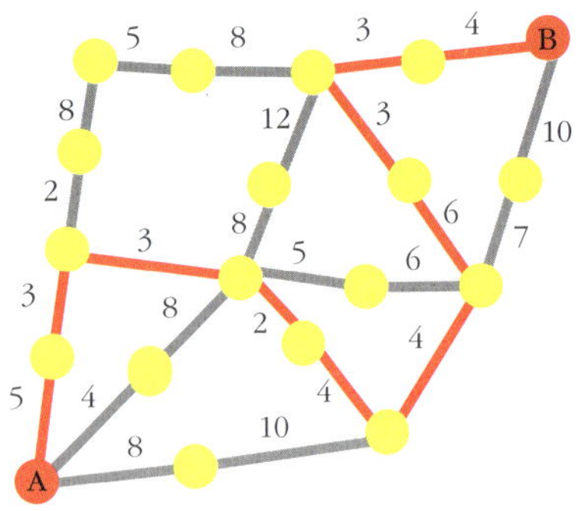

이 경로로 가면 연료를 37톤 쓰게 돼요.

10쪽

가벼운 동물에서 무거운 동물 순으로 E, A, B, C, D예요.

11쪽

유니콘은 모두 20마리 있어요.

파란색 유니콘은 40% 있어요.

분홍색 유니콘은 30% 있어요.

분홍색도 파란색도 아닌 유니콘은 30% 있어요.

보라색 갈기가 있는 유니콘은 20% 있어요.

노란색 갈기가 있는 유니콘은 25% 있어요.

앨런 튜링과 함께 풀어 보아요!

정답: 28%

12쪽

276

132 144

62 70 74

28 34 36 38

13 15 19 17 21

8 5 10 9 8 13

5 3 2 8 1 7 6

앨런 튜링과 함께 풀어 보아요!

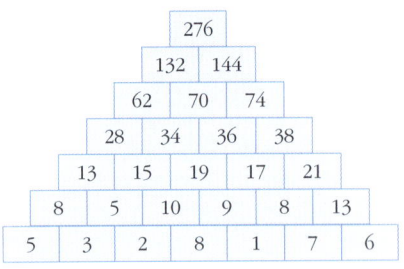

정답: Servants of a dead Egyptian pharaoh were often sealed in his pyramid with him, dead or alive.(이집트 파라오가 죽으면 그의 신하는 살았든 죽었든 파라오와 함께 피라미드에 봉인되었어요.)

13쪽

1	9	3	4	8	7	5	6	2
6	7	2	3	5	9	4	1	8
5	8	4	2	6	1	3	9	7
2	6	5	8	1	3	7	4	9
7	3	9	6	2	4	8	5	1
8	4	1	9	7	5	2	3	6
3	5	6	7	9	2	1	8	4
4	2	8	1	3	6	9	7	5
9	1	7	5	4	8	6	2	3

14쪽

한 켤레에 7,500원. 2개 가격에 3개 드려요.
= 한 켤레에 5,000원, 1,500원 절약

6,000원에서 1/4할인 = 한 켤레에 4,500원, 1,500원 절약

원가 8,400원. 이제 반값! =한 켤레에 4,200원, 4,200원 절약

5,000원에서 10퍼센트 할인=한 켤레에 4,500원이므로 500원 절약

7,000원에서 20퍼센트 할인=한 켤레에 5,600원이므로 1,400원 절약

6,000원에서 1/3할인=한 켤레에 4,000원이므로 2,000원 절약

8,000원에서 30퍼센트 할인=한 켤레에 5,600원이므로 2,400원 절약

가장 싼 운동화는 6,000원에서 1/3할인

앨런 튜링과 함께 풀어 보아요!

정답: 원가 8,400원. 이제 반값!

해답

15쪽

17쪽

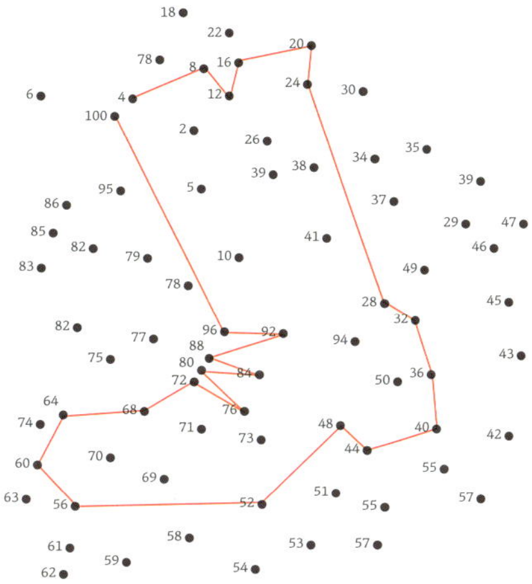

19쪽

6

7

11

15

16쪽

앨런 튜링과 함께 풀어 보아요!

정답: Cosmonaut Gennady Padalka has spent 878 days in space over five missions.(우주비행사 겐나디 파달카는 5가지 임무를 수행하려고 878일 동안 우주에 머물렀어요.)

18쪽

브라이언은 15, 40, 20, 30점짜리 상을 받았어요. 총점 105

제스는 30, 30, 25, 10점짜리 상을 받았어요. 총점 95

마틴은 50, 15, 20, 25점짜리 상을 받았어요. 총점 110

세드릭은 30, 10, 40, 25점짜리 상을 받았어요. 총점 105

마틴이 우승했어요.

앨런 튜링과 함께 풀어 보아요!

정답: 1등컵 1개, 3등컵 4개

20쪽

가장 희귀한 보석(분홍)은 8개 있고 개당 12만 원이에요.
총합 96만 원이에요.

그다음 희귀한 보석(노랑)은 11개 있고 개당 9만 원이에요.
총합 99만 원

빨간 보석은 25개 있고 5개에 13만 원이에요.
총합 65만 원

초록 보석은 24개 있고 3개에 9만 원이에요.
총합 72만 원

가장 흔한 보석(파랑)은 32개 있고 2개에 6만 원이에요.
총합 96만 원

모든 보석값의 총합은 428만 원

앨런 튜링과 함께 풀어 보아요!

정답: Diamond is made from the element carbon, like the graphite in pencils.(다이아몬드는 연필심의 원료인 흑연 같은 탄소원자로 만들어요.)

해답

21쪽

22쪽

12 × 5 + 4 = 64

8 × 9 − 17 = 55

5 × 10 ÷ 2 = 25

40 ÷ 8 × 11 = 55

9 × 6 ÷ 2 = 27

7 × 5 + 13 = 48

앨런 튜링과 함께 풀어 보아요!

정답: The earliest known use of the multiplication symbol in mathematics was in 1618.(수학에서 곱셈 부호를 처음 사용한 것은 1618년이에요.)

23쪽

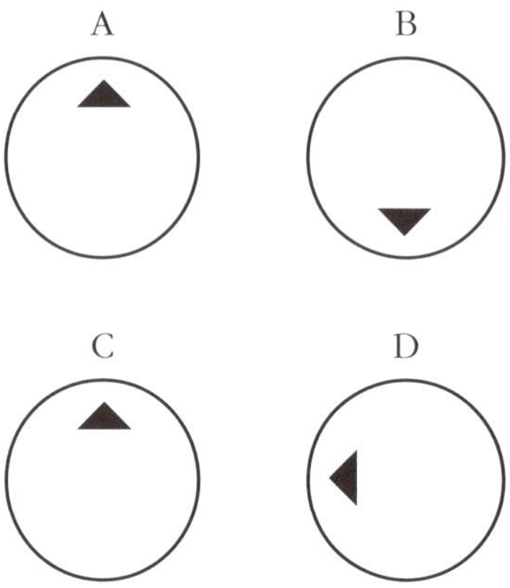

24쪽

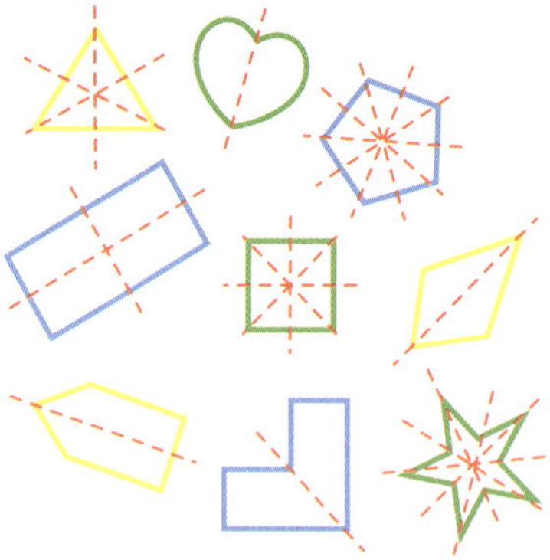

25쪽

3
5
8
12

앨런 튜링과 함께 풀어 보아요!

정답: The main difference is that cakes go hard when stale while cookies go soft.(오래된 케이크는 딱딱해지고 오래된 쿠키는 눅눅해지는 것이 가장 큰 차이점이에요.)

26쪽

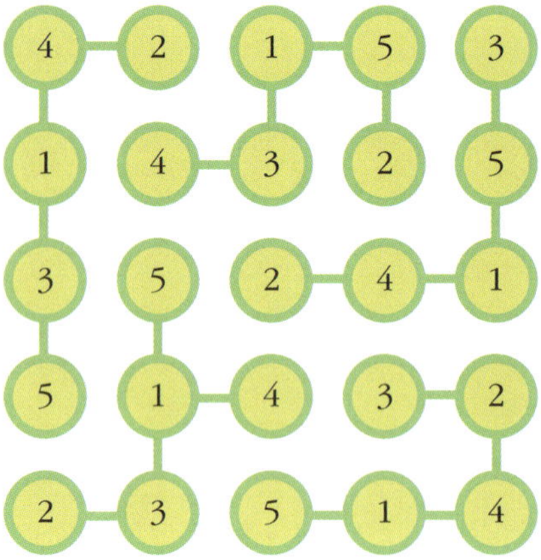

27쪽

A. 80

B. 64

C. 99

D. 8

앨런 튜링과 함께 풀어 보아요!

정답: 8의 배수가 아니에요. 99 또한 유일하게 홀수예요.

28쪽

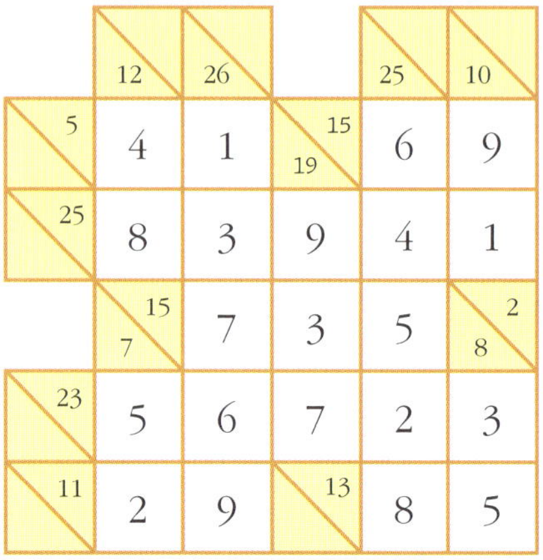
12 26 25 10
5 4 1 15 19 6 9
25 8 3 9 4 1
15 7 7 3 5 2 8
23 5 6 7 2 3
11 2 9 13 8 5

해답

29쪽

A는 3시간 뒤 5시 15분, 5시간 뒤 7시 25분을 가리켜요.

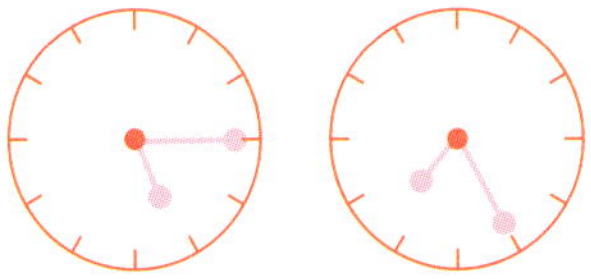

B는 3시간 뒤 4시 15분, 5시간 뒤 5시 45분을 가리켜요.

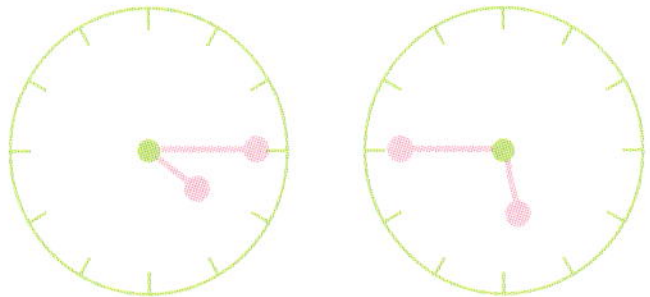

C는 3시간 뒤 6시 30분, 5시간 뒤 9시 30분을 가리켜요.

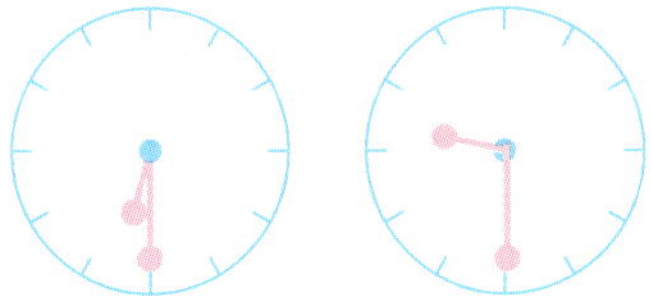

D는 3시간 뒤 3시, 5시간 뒤 3시 40분을 가리켜요.

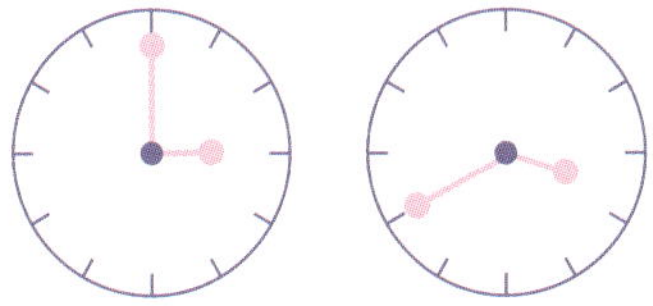

앨런 튜링과 함께 풀어 보아요!

정답: The ancient Babylonians divided hours and minutes into sixty equal periods.(아주 옛날 바빌론 사람들이 시간과 분을 60개의 똑같은 간격으로 나누었어요.)

30쪽

374

앨런 튜링과 함께 풀어 보아요!

정답: A. 아니요.

B. 예, 374를 11로 나누면 34

C. 아니요.

31쪽

사원은 좌표 7, 3 네모 칸에서 발견했어요.

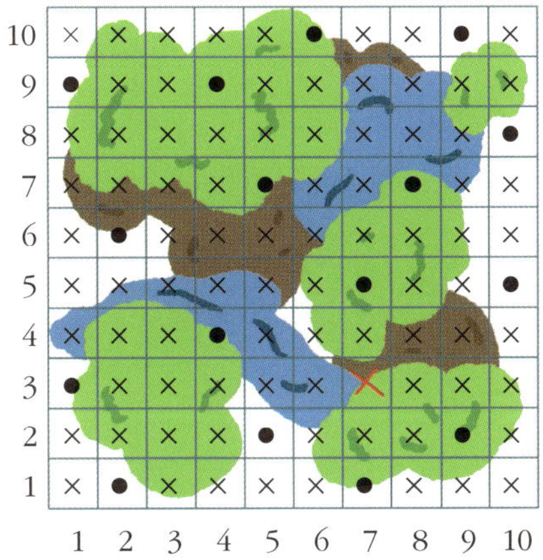

32쪽

14 + 24 + 11 = 49 = 10 + 18 + 21

14	10
18	24
11	21

17 + 31 + 9 = 57 = 6 + 23 + 28

17	6
23	31
9	28

33 + 15 + 22 = 70 = 16 + 19 + 35

33	16
19	15
22	35

앨런 튜링과 함께 풀어 보아요!

정답: The indentation on a brick is called a frog!(벽돌에 움푹 들어간 자국을 영어로 프로그라고 해요!)

33쪽

49

34쪽

베티는 다음 음식이 필요해요.

소고기버거 14개

채소버거 4개

슬라이스 치즈 15개

양파 2개

토마토 4개

오이피클 5개

머스터드 4번 뿌리기

케첩 4번 뿌리기

해답

35쪽

$6 \times 6 + 3 = 39$

$2 \times 6 \times 25 = 300$

$26 - 4 - 18 = 4$

$50 + 29 + 3 = 82$

$9 \times 4 \times 2 = 72$

$100 \div 10 \div 10 = 1$

앨런 튜링과 함께 풀어 보아요!

정답: 450

36쪽

5	7	6	3	2	8	9	6
2	8	1	8	4	7	1	7
6	5	8	2	9	3	8	5
1	9	3	7	5	6	2	4
3	5	8	4	9	5	8	7
8	4	9	6	7	4	5	2
3	7	5	4	5	9	8	6
9	3	8	3	8	5	1	7

앨런 튜링과 함께 풀어 보아요!

정답: This American inventor of musical instruments launched the first electric guitar in 1931.(미국의 악기 발명가가 1931년 전자 기타를 처음으로 선보였어요.)

37쪽

오전 8시~9시=2센티미터, 오전 9시~오후 1시=4×4센티미터=16센티미터, 오후 1시~3시=2×3센티미터=6센티미터, 오후 3시~7시=4×2.5센티미터=10센티미터, 오후 7시~9시=5센티미터

총합 39센티미터

38쪽

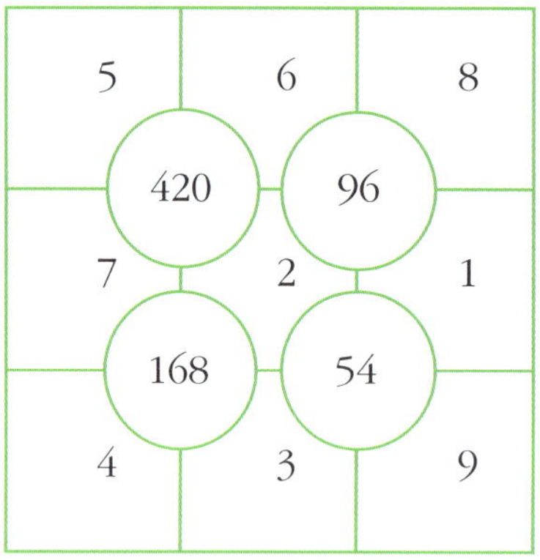

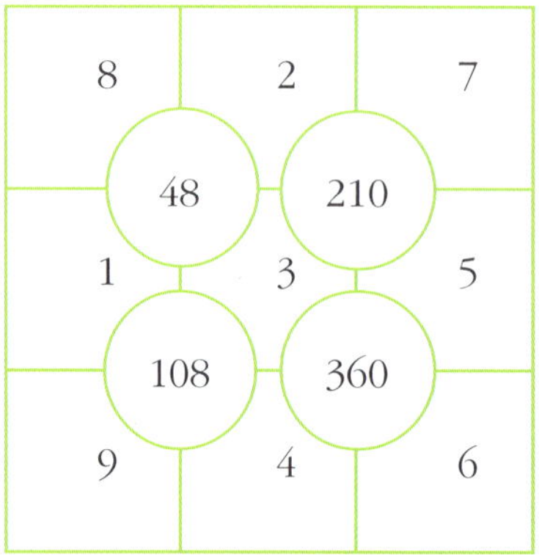

앨런 튜링과 함께 풀어 보아요!

정답: Cats cannot taste sweetness.(고양이들은 단맛을 느끼지 못해요.)

39쪽

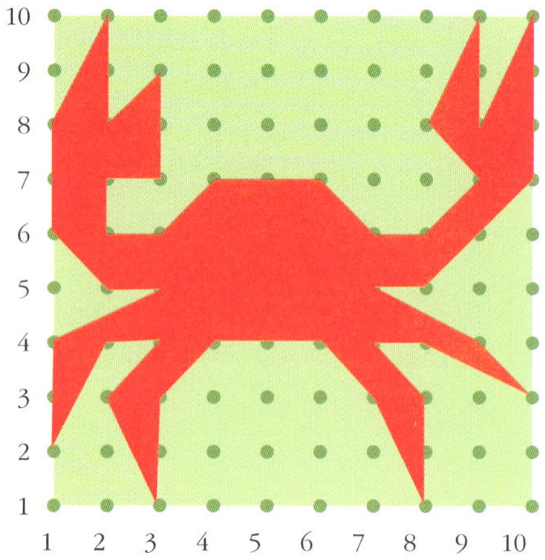

40쪽

$2^2 = 4$

$3^2 = 9$

$4^2 = 16$

$5^2 = 25$

$6^2 = 36$

$7^2 = 49$

$8^2 = 64$

$9^2 = 81$

$10^2 = 100$

$11^2 = 121$

$12^2 = 144$

$13^2 = 169$

$100^2 = 10{,}000$

해답

41쪽

70, 60, 51, 43, 36(각 숫자는 점차 작아지는데, 그 차이는 1씩 작아져요. 10, −9, −8, ……)

3, 6, 10, 15, 21(각 숫자는 점차 커지는데, 그 차이는 1씩 커져요. +3, +4, +5, ……)

2, 3, 6, 18, 108 (각 숫자는 바로 앞 두 수를 곱한 수예요.)

1, 8, 27, 64, 125(세제곱수: 1×1×1, 2×2×2, 3×3×3, 4×4×4, 5×5×5)

앨런 튜링과 함께 풀어 보아요!

정답: Elephants cannot jump.(코끼리는 뛰어오를 수 없어요.)

42쪽

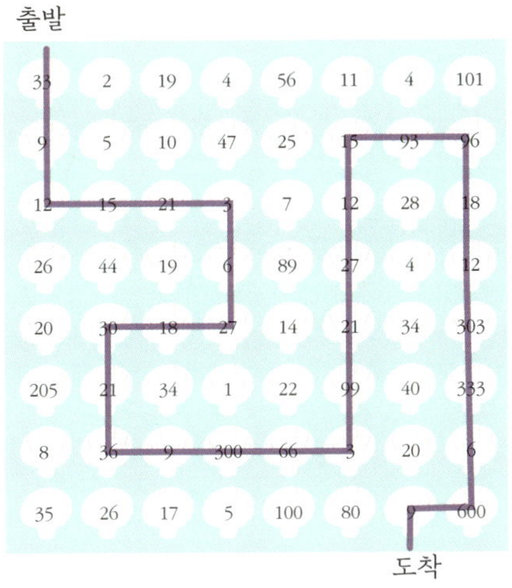

43쪽

(1) 1	2	5	■	■	(2) 8	4
4	■	■	(3) 1	■	0	■
(4) 4	(5) 8	■	(6) 1	1	0	0
■	8	■	1	■	0	■
■	(7) 9	(8) 1	0	(9) 5	■	■
(10) 6	■	3	■	(11) 5	5	6
(12) 4	0	0	■	0	■	■

앨런 튜링과 함께 풀어 보아요!

정답: Jellyfish have no brains.(해파리는 뇌가 없어요.)

44쪽

프레드의 땅은 20제곱미터예요.

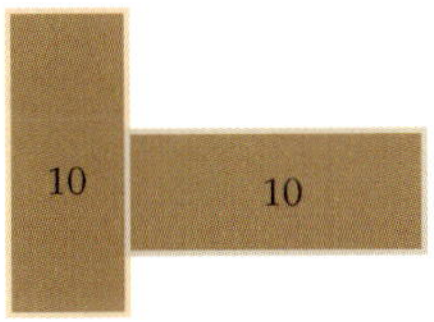

폴라의 땅은 48제곱미터예요.

앨런 튜링과 함께 풀어 보아요!

정답: The first potatoes were farmed in Peru about 7,000 years ago.(감자는 약 7,000년 전 페루 사람들이 경작하기 시작했어요.)

45쪽

A모둠: 7과 23을 지워요.

B모둠: 16과 19를 지워요.

C모둠: 10과 15를 지워요.

46쪽

a. 40° b. 35° c.110°

d. 35° e. 20°

47쪽

1. 350

2. 수요일

3. 경비대원들은 목요일부터 금요일까지에 더 많은 범죄자들을 잡았어요.

앨런 튜링과 함께 풀어 보아요!

정답: 60

48쪽

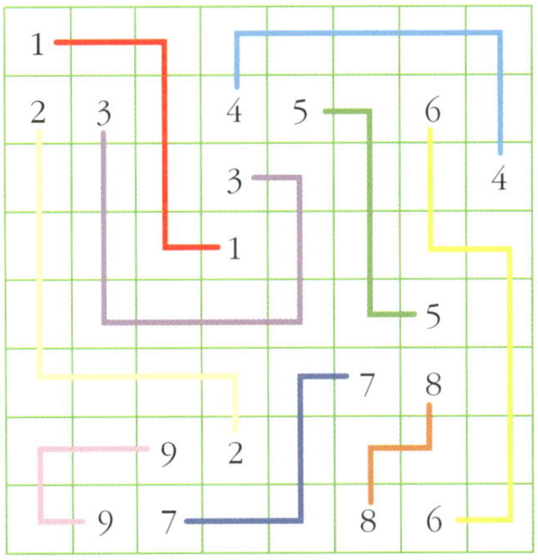

해답

49쪽

버거, 핫도그, 아이스크림은 모두 합해 2,250원이에요.

게리는 3×500원, 3×200원, 1×100원, 1×500원을 사용했어요.

멜라니는 2×500원, 5×200원, 2×100원, 1×50원을 사용했어요.

앨런 튜링과 함께 풀어 보아요!

정답: 음식을 구입한 후 게리는 850원밖에 남지 않아 친구에게 핫도그를 사 줄 수 없었어요.

50쪽

5	1	2	2	3		7	9	3	9
	6			0			1		5
	6	2	2	4	8		2		2
	7				5	2	7	1	0
5	1	2	1	4	7			0	
	5		8		7	3	6	5	
2			7		1			4	2
1	7	4	2	3	6		4		7
		9		5			5		
7	2	4		6	0	1	8	0	

51쪽

자동차 A는 4시간 45분 걸려요.

자동차 B는 3시간 55분 걸려요.

자동차 C는 4시간 30분 걸려요.

자동차 B가 가장 먼저 도착해요.

앨런 튜링과 함께 풀어 보아요!

정답: 아니요. 자동차 D는 4시간 5분 걸려요.

52쪽

의사들은 빨간 뾰루지 세균 75%, 파란 찐득찐득 세균 40%, 초록 심술덩어리 세균 60%를 없앴어요.

앨런 튜링과 함께 풀어 보아요!

정답: More than 40,000 droplets are sprayed into the air when you sneeze.(재채기를 할 때 4만 개 이상의 침방울이 공기로 퍼져요.)

53쪽

41개

54쪽

16

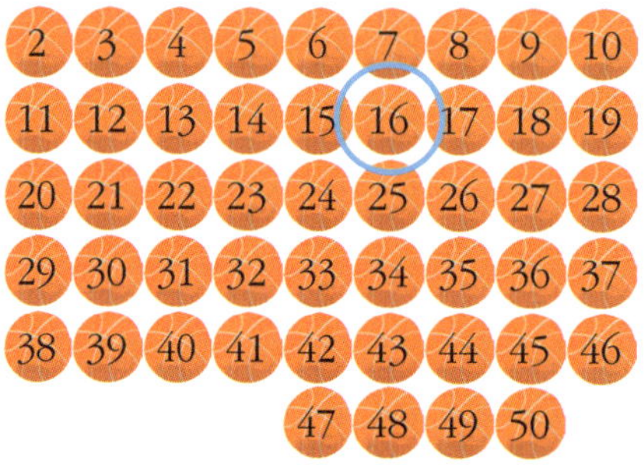

55쪽

아래 경로의 합은 30이에요.

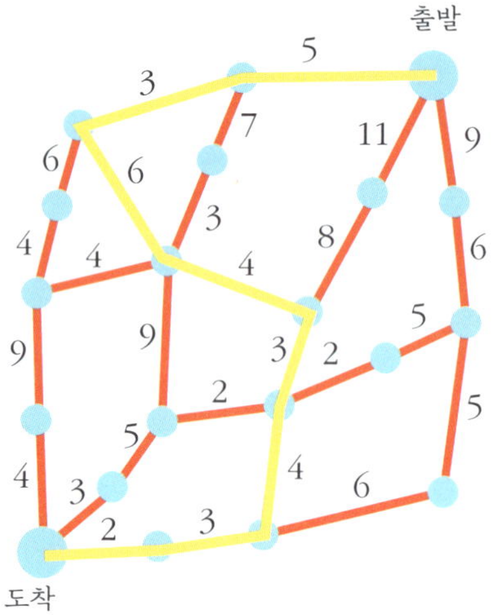

앨런 튜링과 함께 풀어 보아요!

정답: 예. 아래 경로는 홀수로만 이루어져 있어요. 이 경로의 합은 32예요.

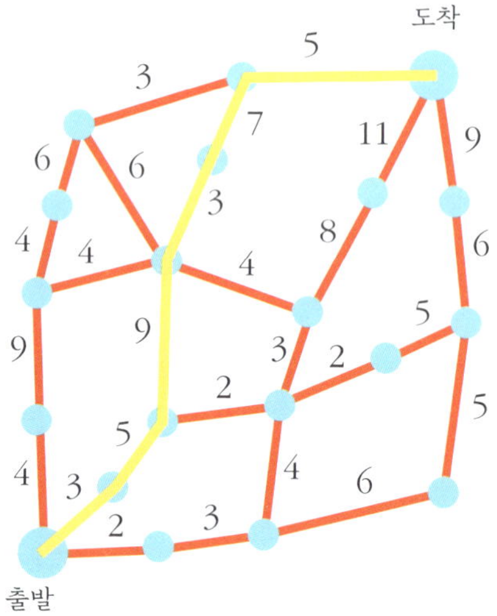

해답

56쪽

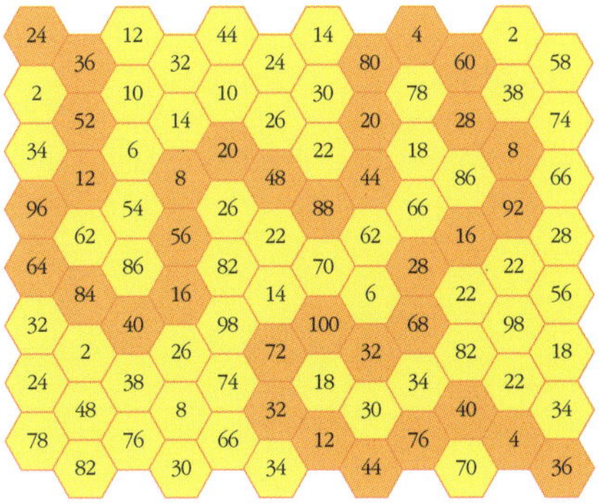

57쪽

다람쥐 6마리가 너도밤나무 열매 2개, 도토리 4개, 헤이즐넛 6개를 얻어요.

다람쥐 4마리가 너도밤나무 열매 3개, 도토리 6개, 헤이즐넛 9개를 얻어요.

다람쥐 3마리가 너도밤나무 열매 4개, 도토리 8개, 헤이즐넛 12개를 얻어요.

앨런 튜링과 함께 풀어 보아요!

정답: Most squirrels cannot remember where they hide half of their nuts.(다람쥐는 어디에 견과류를 숨겼는지 절반 정도는 기억하지 못해요.)

58쪽

신디는 $(2+2+4\frac{1}{2})\times 2$킬로미터$=17$킬로미터를 달려요.

브라이언은 $6+3+1\frac{1}{2}+2$킬로미터$=12\frac{1}{2}$킬로미터를 달려요.

조시는 $4\frac{1}{2}+1+2+3$킬로미터$=10\frac{1}{2}$킬로미터를 달려요.

59쪽

A. $3/4$ B. $1/2$ C. $1/4$
D. $1/3$ E. $1/5$

앨런 튜링과 함께 풀어 보아요!

정답

A. 75% B. 50% C. 25%
D. 33.33% E. 20%

60쪽

$4 \times 7 + 11 = 39$

$20 \times 5 - 10 = 90$

$54 \div 6 \times 5 = 45$

$36 \div 4 + 6 = 15$

$32 \div 4 + 26 = 34$

앨런 튜링과 함께 풀어 보아요!

정답: $11 \times 6 \div 3 = 22$

61쪽

유령사냥꾼들이 유령을 44마리 잡았어요.

62쪽

67	12	7	28	47	66	4	37	70	19	50	83
41	13	71	97	3	44	12	29	7	53	5	73
23	79	31	2	62	20	58	61	17	89	11	31
45	83	41	61	10	1	42	34	7	41	79	30
8	11	21	59	51	47	23	74	71	40	29	18
57	5	6	43	33	31	5	76	2	60	43	9
65	5	89	17	19	13	83	17	53	3	61	75
35	73	39	97	31	64	72	19	29	24	67	25
56	59	15	67	3	22	32	13	11	52	23	68
27	29	71	43	37	48	69	43	97	73	37	54
3	11	19	2	79	7	53	89	23	59	2	17
77	46	85	26	55	47	13	36	49	63	16	38

해답

63쪽

1. IX − II = VII

2. IV + VII = XI

3. VIII − V = III

4. XXII + IX = XXXI

5. XXX − IV = XXVI

앨런 튜링과 함께 풀어 보아요!

정답: XV + XXII= XXXVII

64쪽

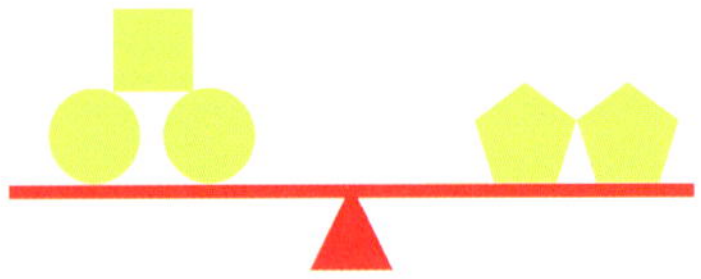

앨런 튜링과 함께 풀어 보아요!

정답: In 2011 stuntman Freddy Nock set a new world record by tightrope walking between two Swiss peaks.(2011년 스턴트맨 프레디 녹이 스위스의 한 산에서 고공 외줄타기 신기록을 세웠어요.)

65쪽

11 + 15 = 26

19 + 21 = 40

7 + 23 = 30

3 + 40 = 43

66쪽

원은 360° 이므로 사람 수에 맞게 나눠야 해요.

2명을 위해: 180°

3명을 위해: 120°

4명을 위해: 90°

5명을 위해: 72°

6명을 위해: 60°

앨런 튜링과 함께 풀어 보아요!

정답: 8명을 위해: 45°

67쪽

요일	근무시간
월요일	9시간 10분
화요일	9시간 57분
수요일	8시간 50분
목요일	8시간 45분
금요일	8시간 46분

68쪽

도넛의 55%에는 초콜릿 토핑을 얹어요.

도넛의 35%에는 크림 토핑을 얹어요.

도넛의 30%에는 가루 장식 토핑을 얹어요.

도넛의 20%에는 캐러멜 토핑을 얹어요.

도넛의 10%에는 시나몬 토핑을 얹어요.

69쪽

4 × 12 그리고 6 × 8 = 48

3 × 6 그리고 9 × 2 = 18

7 × 11 그리고 90 − 13 = 77

7 × 5 그리고 70 ÷ 2 = 35

17 × 3 그리고 64 − 13 = 51

32 + 32 그리고 8 × 8 = 64

81 ÷ 9 그리고 54 ÷ 6 = 9

4 × 7 그리고 56 ÷ 2 = 28

7 × 6 그리고 29 + 13 = 42

20 × 4 그리고 8 × 10 = 80

앨런 튜링과 함께 풀어 보아요!

정답: An octopus can squeeze its soft body into extremely tight spaces.(문어는 흐물흐물한 몸을 최대한 구겨 아주 좁은 공간에 들어갈 수 있어요.)

해답

70쪽

5	+	7	−	1	=	11
×		×		+		
8	×	4	−	6	=	26
÷		−		×		
2	+	3	×	9	=	45
=		=		=		
20		25		63		

앨런 튜링과 함께 풀어 보아요!

정답: 190

71쪽

72쪽

4	1	3	5	6	2
2	5	6	1	3	4
6	2	5	4	1	3
5	6	2	3	4	1
1	3	4	2	5	6
3	4	1	6	2	5

73쪽

2,500원으로 살 수 있는 것

아이스크림 10개와 잔돈 100원

토핑을 얹은 아이스크림 10개, 잔돈은 없음

초콜릿을 얹은 아이스크림 8개와 잔돈 100원

1,200원으로 살 수 있는 것

아이스크림 5개, 잔돈은 없음

토핑을 얹은 아이스크림 4개와 잔돈 200원

초콜릿을 얹은 아이스크림 4개, 잔돈은 없음

앨런 튜링과 함께 풀어 보아요!

정답: Garlic, curry, cheese and pork are just some you can try.(여러분이 맛볼 수 있는 것으로는 갈릭, 커리, 치즈, 돼지고기 아이스크림이 있어요.)

74쪽

랩을 하는 로저는 앨범을 60 + 60 + 40 + 30 + 20 + 20 + 10 + 0 = 24만 개 팔았어요. 평균 판매량은 3만 개예요.

재즈 음악가 짐은 앨범을 30 + 40 + 50 + 60 + 30 + 20 + 0 = 28만 개 팔았어요. 평균 판매량은 3만 5,000개예요.

인디 음악가 신디는 앨범을 20 + 30 + 30 + 50 + 80 + 60 + 30 + 20 = 32만 개 팔았어요. 평균 판매량은 4만 개예요.

클래식 음악가 클라라는 앨범을 10 + 10 + 20 + 20 + 40 + 50 + 40 + 10 = 20만 개 팔았어요. 평균 판매량은 2만 5,000개예요.

인디 음악가 신디가 가장 유명해요.

75쪽

4로 나눌 때 선장과 선원들은 각각 아래의 보석들을 얻게 돼요.

금화 6개	다이아몬드 15개
은화 9개	루비 12개
팔찌 3개	에메랄드 21개

앨런 튜링과 함께 풀어 보아요!

정답: 선장이 절반을 가져간다면 선원들은 각각 아래의 보석들을 얻게 돼요.

금화 4개	다이아몬드 10개
은화 6개	루비 8개
팔찌 2개	에메랄드 14개

해답

76쪽

오리 52마리는 수컷이에요.
78마리는 암컷이에요.
39마리는 아기 오리예요.
13마리는 대체로 하얀색이에요.
26마리는 대체로 노란색이에요.
91마리는 대체로 갈색이에요.

앨런 튜링과 함께 풀어 보아요!

정답: 오리 26마리가 둥지를 지었어요. 아기 오리 156마리가 그곳에서 지낼 거예요.

77쪽

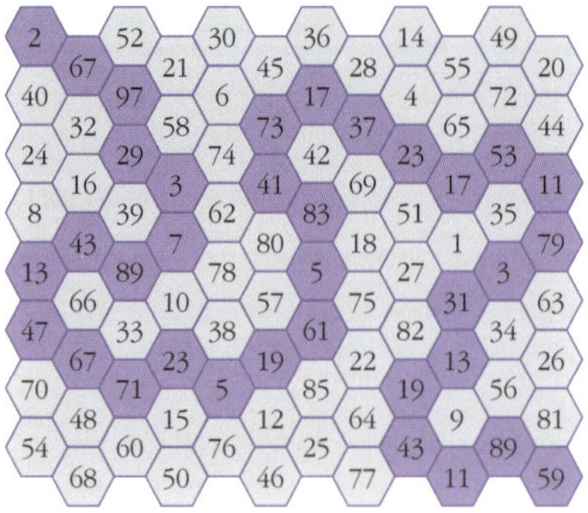

78쪽

3		6		2	<	5		4		1
4		2		3		1		6		5
		∧								
6		3		1	<	4	<	5		2
		∧								
1		4		5		2		3	<	6
		∧								
2		5		4		6		1		3
5		1	<	6	>	3		2		4

79쪽

= 900원 = 600원 = 500원 = 400원

앨런 튜링과 함께 풀어 보아요!

정답: 아이스크림 6개

80쪽

베시아는 100점을 얻어요.
그레엄은 105점을 얻어요.
야나는 120점을 얻어요.
로완은 125점을 얻어요.
로완이 이겼어요.

81쪽

1번 자동차는 15×30=450킬로미터만큼 달릴 수 있어요.

2번 자동차는 13×32=416킬로미터만큼 달릴 수 있어요.

3번 자동차는 16×24=384킬로미터만큼 달릴 수 있어요.

4번 자동차는 12×40=480킬로미터만큼 달릴 수 있어요.

앨런 튜링과 함께 풀어 보아요!

정답: Highway 1 in Australia is the longest national highway in the world. It loops around the entire country.(오스트레일리아의 1번 고속도로는 세계에서 가장 긴 국립고속도로예요. 그것은 땅 전체를 순환한답니다.)

82쪽

[1] 9	2	[2] 2		[3] 3	3	[4] 3
0		[5] 4	0	0		5
[6] 1	[7] 8	0		[8] 6	[9] 4	
	1				[10] 2	[11] 1
		[12] 1	4	[13] 4		3
	[14] 3	6		[15] 9	[16] 9	9
[17] 7	2				2	

앨런 튜링과 함께 풀어 보아요!

정답: Nanobots are tiny robots that can be injected into your body.(나노봇은 아주 작은 로봇으로 주사기를 이용해 여러분 몸속으로 들어갈 수 있어요.)

83쪽